近代汉口

对外开放与贸易发展

肖玥 著

武汉大学出版社

WUHAN UNIVERSITY PRESS

图书在版编目(CIP)数据

近代汉口对外开放与贸易发展/肖玥著.—武汉：武汉大学出版社，
2023.11

ISBN 978-7-307-23864-0

Ⅰ.近…　Ⅱ.肖…　Ⅲ.①对外开放—经济史—汉口—近代　②贸
易发展—汉口—近代　Ⅳ.①F127.634　②F727.634

中国国家版本馆 CIP 数据核字(2023)第 141762 号

责任编辑:胡　荣　　　责任校对:鄢春梅　　　版式设计:马　佳

出版发行:**武汉大学出版社**　（430072　武昌　珞珈山）
　　　　　（电子邮箱：cbs22@ whu.edu.cn　网址：www.wdp.com.cn）
印刷:武汉邮科印务有限公司
开本:720×1000　1/16　印张:11.25　字数:183 千字　插页:1
版次:2023 年 11 月第 1 版　　2023 年 11 月第 1 次印刷
ISBN 978-7-307-23864-0　　定价:48.00 元

目　　录

第一章　绪　论

"以古为鉴，可知兴替。"

——欧阳修、宋祁（宋）：《新唐书》

一个地区的经济贸易发展和对外开放程度在很大程度上受该地区历史沿革影响。改革开放后中国划分的沿海开放港口城市、经济特区、沿海经济开放区，以及21世纪后设立的自由贸易试验区和自由贸易港都与近代对外开放港口及其经济腹地有着紧密的历史联系。近代时期，商埠通过对外贸易引进了新商品、新技术、新式工厂、新经营模式和管理制度等，在沿海和长江沿线地区形成了早期的产业聚集和规模经济，加速了全国产业格局的初步定形，加强了中国内部不同区域间的贸易联系，在一定程度上优化了生产要素配置，促进了近代对外贸易发展和经济体制改革，带来了经济实力的增长和贸易利益的提高。基于此背景，本书主要通过量化历史的方法研究近代中国对外开放历程，结合国际贸易理论框架和贸易数据分析，研究近代商埠开放型经济的产生及发展对中国贸易利益的影响，为当今建设更高水平开放型经济新体制提供有益的理论参考与经验借鉴。

在中国"一带一路"倡议的引领下，针对贸易枢纽港口开放型经济的研究在近年来成为热点。"如何通过发展开放型港口扩大内陆地区对外开放、促进行业内资源有效配置、拉动地区经济增长、加速国内市场深度融合？"这成为经济学家重点关注的问题。近代汉口作为中部地区最重要的商品集散中心城镇，自1861年开埠后对外贸易不断增长，迅速成为近代长江流域乃至全国的重要贸易市场，带动了周边地区和长江沿线的贸易与经济发展。近代汉口的贸易活动逐渐从传统的商品经济模式中分离出来，开始具有近现代的国际贸易模式雏形。这种蜕壳与转变最先是受外来贸易模式刺激而产生的"外生变化",但随着汉口本土贸易的崛起与发展,"内生变化"的作用不断增强。"外生变化"主要指外国技术、工厂、洋行、贸易制度等因素的植入,而"内生变化"主要指在模仿、学习西外国模式的过程中,本土贸易模式通过摸索和实验提高自身人力、技术、市场、资本等因素,从而促进内生增长力。汉口作为近代早期对外开放的港口既有横向的影响力,也有纵向的影响力。就横向而言,以汉口为中心的埠际网不仅成为中部地区的重要经济腹地,更成为连接中国内陆与世界的桥梁。就纵向而言,汉口港的开放不仅在近代时期让武汉一跃成为全国商贸最发达的地区,更对现代汉口产生深远的历史影响作用。因此,近代汉口对外贸易发展过程是研究开放型经济对贸易影响的极佳典型范例。

英国经济学家丹尼斯·罗伯森(Dennis Robertson)曾提出,"对外贸易是经济增长的发动机"。随着现代国际贸易理论的发展,贸易利益逐渐成为该领域的核心研究内容。对于发展中国家来说,经济开放与扩大贸易是提高贸易利益的重要途径。中国近现代的两次经济腾飞都与对外开放紧密相关,第一次是1840年被迫开放后产生的经济变革,第二次是1978年主动对外开放后产生的经济改革。不少国内外学者在研究了中国改革开放贸易自由化与贸易利益的关系后,得出开放程度的加深与贸易利益的提高存在正相关性的结论。同样,近代时期的第一次对外开放所产生的贸易利益也对当时社会造成深远影响。理论上,近代汉口在开放型经济的影响下,建立起早期市场经济,进口的扩大、产品种类的丰富和产品价格的降低都提高了当地居民的福利。但由于近代贸易数据难以获取与整理,目前针对这一主题的研究远远滞后于针对改革开放后贸易利益的研究。

通过收集、分析近代汉口贸易相关史料和原始贸易数据,本书主要从近代汉口贸易组织发展、进口扩大、关税变化以及汉口与其他长江流域开放港口的进口贸易比较等方面梳理近代汉口对外贸易发展史,并结合国际贸易理论,论证近代汉口对外开放与贸易利益之间的关系。近代时期,汉口本土贸易组织在对外开放的影响下发生巨大变化。新式工厂与企业的进入,加速了汉口当地规模生产的形成,使不同行业的生产率得到质的飞跃。由于进口贸易的活跃,更多种类的商品进入汉口市场,极大增加了消费者的选择范围。在市场经济的作用下,各国商品激烈竞争促进了商品价格的下降,提升了消费者福利。由于近代实行协定关税制度，关税政策及税率的变化对贸易发展产生重要影响。近代汉口是长江中游最大的贸易中转站，其贸易发展影响着周边地区、上游和下游地区的开埠港口。深入分析这些内容一方面有助于分析枢纽港口开放对贸易发展的影响，拓展贸易利益的研究内容，为推进经济体制改革和建设高水平开放经济新体制提供参考；另一方面有助于推动内陆地区发展具有自身优势的区域经济，以点带面深化国内市场一体化，促进国内外贸易循环发展。

关于本书的研究主题，以往的相关文献可主要归纳为两类。第一类是研究中国近代经济史的国内外文献。这类文献主要梳理了近代通商口岸的经济发展史，可具体分为贸易发展、贸易组织、主要贸易产品和租界等方面的内容。第二类是研究开放型经济对贸易利益影响的国内外文献。这类文献使用现代贸易数据分析对外开放的贸易利益效应，为该领域提供一定理论基础。

第一类关于中国近代经济史的国内外研究可主要分为以下四个方面的内容：

（一）关于近代汉口贸易发展史的研究

研究汉口贸易发展史的专著较少，以期刊论文居多。阎志主编的《汉口商业简史》（湖北人民出版社 2017 年版）从汉口镇起源开始系统介绍了汉口商业发展的跌宕起伏。该书将近代汉口的发展过程分为五个主要阶段，分别是：（1）1861—1889 年，汉口开埠，初具近代国际港口雏形；（2）1889—1907 年，张之洞督鄂，"东方芝加哥"成形；（3）1907—1928 年，辛亥革命后汉口商业的恢复与腾飞；（4）1929—1937 年，工商业的快速发展；（5）1938—1945 年，沦陷时期的汉口商业。阎志认为，推动汉口商业发展最重要的因素是对历史潮流的顺应，商品的中外流通是发展的关键，突出大武汉的枢纽作用带动中部崛起、连接"一带一路"是武汉发展的未来。吕一群的博士论文《晚清汉口贸易的发展及其效应》（华中师范大学，2009）指出，对外开放对晚清时期的汉口贸易发展具有双重影响：一方面，汉口被迫卷入世界贸易体系，成为外国商品倾销地和原料供应地；另一方面，汉口在国际市场的带动下，部分产业得以发展，加速了现代化进程。该文认为，汉口的贸易特点是"间接贸易占主导地位"。晚清时期，汉口贸易发展的主要原因在于外力作用。清廷新政、张之洞推行洋务运动、近现代化的商业机构设置和海关管理，这些都促进了汉口贸易发展。

　　上述两个文献，整体介绍了近代汉口商业与贸易发展。另外，有部分文献在论述中国口岸发展历史时，涉及有关汉口口岸开放与贸易发展的内容。杨天宏的《口岸开放与社会变革——近代中国自开商埠研究》（中华书局2002年版）侧重介绍了中国自开商埠的发展历史，并比较了条约商埠与自开商埠的异同。杨天宏认为，"在中国的近代转型过程中，口岸城市的变化产生了示范效应。因而许多寻找中国近代性变化原因的学者都试图透过通商口岸这一社会单元，来认识近代中国"。（2002，3）该书探讨了近代汉口的开埠及发展，介绍了汉口通商口岸的地理位置、开埠后工业化情况、汉口与其他开放港口的贸易比较等方面的内容。

　　研究近代汉口经济史的期刊论文较多。这些论文从不同角度阐述了汉口贸易的兴衰史。王永年的《晚清汉口对外贸易的发展与传统商业的演变》（《近代史研究》，1988）介绍了19世纪60年代至20世纪初期，在对外贸易的刺激下汉口商业的迅速演变。但这种演变即有推动作用，又有制约作用。陶良虎的《20世纪30年代汉口对外贸易衰退原因辨析》（《江汉论坛》，1999）主要分析了民国晚期汉口对外贸易衰败的原因。该文认为，20世纪30年代的全球经济危机、国内频发的自然灾害、交通运输梗阻以及汉口金融业的萧条萎缩是汉口贸易衰退的主要原因。

　　还有部分研究汉口港与其他对外开放港口关系的文献为分析近代埠际贸易提供思路。张珊珊的博士论文《近代汉口港与其腹地经济关系变迁（1862—1936）》（复旦大学，2007）主要探讨了近代汉口港开放后对周边地区的影响。该文分析了汉口进出口贸易的产品数量、产品结构和发展趋势，其中重点介绍了汉口的茶叶和桐油贸易。该文还论述了汉口与其他长江流域开放口岸、特别是与上海港之间的关系。唐巧天的《上海与汉口的外贸埠际转运》（《社会科学》，2008）主要研究了上海与汉口之间的贸易关系。该论文介绍了不同阶段沪汉埠际贸易中外国货物和国内货物的总体发展趋势、沪汉主要埠际转运商品和沪汉埠际贸易发展所带来的影响。该文指出，上海与汉口两港之间的贸易牵扯着长江流域这一中国经济发展命脉。总结来看，近代汉口的直接贸易增长较快，但主要进口货物来源严重依赖上海。1930年后，汉口的对外贸易逐渐走向下坡路。王哲的博士论文《晚清民国对外和埠际贸易网络的空间分析》（复旦大学，2010）通过整理1873—1942年的海关资料与数据，介绍了近代中国港口的埠际贸易网络和对外贸易网络。该文对汉口港的简述和对汉口子口税的分析具有一定参考价值。

除国内学者外，亦有一些国外学者研究汉口贸易史。美国史学家费正清（John King Fairbank）所著的《剑桥晚清史》（中国社会科学出版社 1983 年版）一书，分不同阶段介绍了晚清时期的中国历史。该书部分章节介绍了汉口租界的建立和发展，并提供了一些汉口贸易史料，包括汉口轻纱业、棉织业、汉口船运和陆路运输以及汉口军需工业等方面的内容。

汉口贸易发展对中国中部地区的"中心影响说"不仅受到了国内学者的关注，更引起了外国学者的兴趣。擅长研究中国问题的美国史学家罗威廉（William T. Rowe）所著的《汉口：一个中国城市的商业和社会（1796—1889）》（中国人民大学出版社 2005 年版）一书，对 19 世纪汉口经济发展有着独到见解。该书第一部分详细介绍了晚晴汉口商业发展，包括汉口盐贸易（盐走私、盐市和盐业的商人组织）、茶叶贸易（茶叶市场、茶叶贸易结构和茶叶贸易组织）、汉口的信贷与金融、汉口商业税收以及商业政策等内容。该书第二部分介绍了汉口社会组织发展，包括外来移民人口对汉口城市发展的影响、行会结构的变化、行会的商业功能及其他功能、行会的地方权力变迁等内容。对于 19 世纪汉口城市的历史地位，西方学界普遍存在两种不同看法：一种学派认为，近代中国主要城市是行政管理的产物，其首要任务是政治作用，一般是地方政府所在地和军队驻地；另一种学派认为，近代中国主要城市是商业发展与聚集的产物，具有强烈的商业作用。罗威廉显然是后者论点的支持者。他认为，以汉口为中心的贸易连接了周边各次级地区，构成了商业交流与经济往来的贸易网（2005，2）。

专注研究国际贸易发展的美国经济学者 Wolfgang Keller 所撰写的 "China's Foreign Trade：Perspectives From the Past 150 Years" （*The World Economy*，2010）一文，主要从历史和经济制度转变的角度分析了近代中国开放港口对中国贸易发展的影响。该文分析了鸦片战争后中国对外贸易的正常水平，以及不同区域间的贸易水平差。该文通过分析中国海关贸易数据得出三点结论：（1）通商港口对外开放后，中国进口商品种类增多；（2）通过通商口岸贸易机制，外国商品大量渗透进入区域经济市场；（3）香港作为中国对外贸易的重要媒介，其经济长远增长，这证明了学习效应的重要性。Keller 的研究结论为进一步分析汉口对外开放与贸易利益提供有利论证。

整体来看，近代汉口开埠对经济发展的影响可主要归纳为以下三个方面：

一是促进贸易组织与经济制度发展。近代开放商埠系统促进了新贸易组织的诞生与发展，为近代市场经济发展提供基础条件（杜宏英，2009；袁北星，2013）。近代开放商埠对当地贸易组织与经济制度发展不仅具有短期影响更具有长期影响。Jia（2011）指出，1776—1953 年，拥有通商港口地区的经济增长率比其他相类似、未开放港口地区高 20%。20 世纪 80 年代后，拥有通商港口的地区在对外开放上更具优势，尤其是在社会规范和人力资源上的优势比地理优势更加突出。So et al.（2011）利用 Douglass North 的制度主义理论框架分析了近代开放商埠对当地经济制度、法律规范、外国投资和国际化水平的长远影响。

二是促进国内市场一体化。在对外开放的影响下，近代商埠之间形成的埠际贸易网络加深了国内商品市场的内部联系。Keller and Shiue（2020）指出，近代中国埠际贸易网有效实现了商品生产地和商品出口港之间的高度市场一体化，加速了商品的出口流动。同时，进口商品通过沿海和长江流域开放商埠渗透进港口腹地市场，增加了国内市场商品种类（唐巧天，2008；Keller，2010）。虽然经济系统内生的循环累积决定了不同区域的空间经济差异，但埠际贸易促进了经济、政治和文化的交流合作，加速了资本、劳动力和信息技术等生产要素的流通和优化配置，改变了工厂手工业、制造业和工业长期缓慢发展的局面（王哲和吴松弟，2010；杨勉，2019）。近代汉口主要贸易商品形成了完整的产业链并不断扩大国际销售市场（高瑞华，2019；马欢，2020）。大量外国投资通过商埠进入国内市场，为大规模工业化发展提供资金支持（樊卫国，2001；So et al.，2011）。

三是港口经济具有辐射与溢出效应。国内外学界普遍认为，国际化港口加速了产业聚集和资本流动，对区域经济发展存在中心影响作用，形成了"中心-外围"经济模式（Krugman，1991；Fujita et al.，1999；Thisse，2019）。作为"中心"的商埠在有限数量的空间实体中扩大经济活动，增加了商品、技术和劳动力的流动性（Combes et al.，2008；林矗，2017）。近代汉口发展所形成的商品集散中心，从城市到农村加强了商业交流和贸易往来（Rowe，1984）。沿海和内陆商埠对江南、珠江三角洲、华北平原、长江中上游等地区产生长远的经济辐射影响，形成了口岸经济（常旭，2016；武强，和一南，2021）。

（二）关于近代汉口贸易组织的研究

明清时期，中国部分城市出现早期商品经济萌芽，诞生了一些民间资本开办的贸易组织。汉口作为明清"四大名镇"之首，其较高的商品贸易水平为新贸易组织发展提供了条件，同时也吸引了大量商贸从业人员进入汉口市场。商业资本和人力资本的聚集进一步推动了汉口贸易的发展。研究汉口开埠后贸易组织的变迁，能更加深刻理解开放型经济的贸易利益效应。至今为止，还未有整体研究近代汉口贸易组织的专著，只有一些期刊论文从不同角度介绍了汉口贸易组织。该领域仍待继续挖掘。

先有商人，再有组织。商人的聚集推动了贸易组织的发展。分析商贸从业人员在近代汉口经济发展过程中所扮演的角色，可以更加具体了解汉口贸易组织与对外贸易发展之间的关系。近代汉口从事商贸的人员，主要由本地商人和客商组成。张启社的博士论文《民国时期的汉口商人与商人资本（1912—1936）》（华中师范大学，2009）介绍了民国中前期汉口本地商人的组成结构、商贸组织的变化、经营管理模式和资本发展特点。该文还论述了行帮、商会、同业公会等贸易组织的发展、转型和衰落。袁北星的《客商与汉口近代化》（湖北人民出版社2013 年版）系统介绍了：近代汉口成为商业大都会和商业移民城市的历史背景，近代汉口客商的基本构成与特点，汉口商客与汉口商业、近代工业、金融业兴起和繁荣的关系，客籍商帮与商业组织的演变，客商与汉口城市变迁，以及客商对汉口经济社会发展的积极与负面作用。袁北星认为，客商作为汉口商贸活动的主体之一，其投资、组织和经营模式具有鲜明特色和时代特征。

随着商人的增多和聚集，为保护和扩大商人利益的贸易组织应运而生。虞和平的《鸦片战争后通商口岸行会的近代化》（《历史研究》，1991）整体介绍了中国主要通商口岸的行会组织，论述了鸦片战争后通商口岸行会的发展过程。1840年后，随着通商口岸的不断增加和对外贸易的快速发展，城市经济结构与功能的外向化、资本化，使通商口岸，特别是上海、汉口、广州、天津等外贸中心城市的传统行会走上了现代化进程。通商港口行会组织的发展为这些地区逐步适应对外贸易提供条件，并为本国民营企业发展提供支撑。胡永弘的《汉口商会与同业公会》（《武汉文史资料》，1997）介绍了汉口商会的成立和发展，以及汉口商会对民族工业发展做出的贡献。胡永弘认为，汉口商务总会在组织状况和政治状态方面主要有四个特点："第一，组织比较狭小，与会者系殷实商家。第二，商会具有明显的行帮性，行帮是商会的基础和支柱。第三，商会领导权由大资本家掌握。第四，商会虽系民间组织，但受当地政府钳制。"（1997，104）

除行会、商会和同业公会外，近代最普遍的民间贸易组织是行帮。王保民的《汉口各行帮业及其贸易》（《武汉文史资料》，1994）介绍了清末至1932年汉口各行业最初产生的本土贸易组织——八大行帮，即盐行、茶行、药材行、粮行、棉花行、油行、广福杂货行和纸行，以及汉口各省行帮的主要贸易货物。近代汉口是一个典型的移民城市，其商贸从业人员来自全国各省。有部分文献专门研究汉口某一行帮的发展史。宁波市政协文史委编纂的《汉口宁波帮》（中国文史出版社2009年版）介绍了宁波客商在汉口的商业活动。宁波帮在中国近代时期势力庞大，为私营工商业的发展作出较大贡献，推动了中国工商业的近现代化。该书指出，宁波与上海属于同一时期开放的商埠，都较汉口开埠早，来汉经商的浙商是沟通长江下游与中游文化的重要桥梁，使汉口文化受到海派文化的影响开通了风气。刘富道的《汉口徽商》（武汉出版社2015年版）主要介绍了来汉经商的徽帮历史，内容包括徽州盐商、徽客、徽官、徽商文化以及个别徽商人物传记等。外地行帮在汉口的活跃在一定程度上反映出汉口与其他地区的贸易联系，以及汉口在长江流域重要的贸易中心地位。研究汉口行帮历史能进一步了解汉口开放对贸易发展的影响。

近代出现的新金融机构为汉口对外贸易提供了必不可少的资金服务。自开埠后，外国银行进入汉口租界区，增加了汉口金融组织形式，并在一定程度上取代了国内传统金融机构。作为汉口花旗银行第四任买办负责人，董明藏在《汉口花旗银行的掠夺》（《文史资料选集》第53辑2001年版）一文中具体介绍了花旗银行的经营业务，如发钞、外汇、存款、贷款和买办等。寿充一和寿乐英主编的专著《外商银行在中国》（中国文史出版社1996年版）介绍了各国银行在中国的发展。其中，该书收录了几篇研究汉口外商银行的论文，包括余舜丞的《汉口汇丰银行概述》、蔡尊英的《汉口麦加利银行梗概》、周希葆和李翰民等人的《北京、天津、汉口花旗银行见闻》以及戚镜寰和戴瑞元等人的《略谈汉口比商仪品放款》。这些论文介绍了外国在汉银行的主要业务和营业情况。洋行的建立丰富了近代汉口金融组织形式,为汉口本土金融组织发展提供了参考模型。近代中国银行正是在外国银行的影响下建立发展起来。

除了新金融机构——银行的诞生外,国内传统金融机构也在发生改变。姚会元的《近代汉口钱庄研究》(《历史研究》,1990)研究了汉口开埠后钱庄的改革与衰落。该文介绍了近代汉口钱庄发展的不同阶段,钱庄的主要业务,包括兑换、存放款、汇兑贴现和发行钱票庄票,以及钱业公会的主要职责。姚会元认为,近代汉口传统金融机构钱庄经历了两次性质变化:一是开埠后外国资本不断扩大所引起的买办性质的转变;二是19世纪末期开始向民族资本的转化。李一翔的《论长江沿岸城市之间的金融联系》(《中国经济史研究》,2002)主要介绍了以上海、汉口和重庆这三个中心城市为支点的长江流域经济带的金融活动。该文论述了传统金融机构,如票号和钱庄的兴衰、银行的兴起以及长江流域金融网的形成和资金流动,包括汇兑、现金输送、同行放款和投资等方面的内容。

(三) 关于近代汉口主要贸易产品的研究

近代汉口开埠之后,贸易产品种类、价格与数量的变化是本书重点考察的内容之一。有部分文献专题研究近代汉口某一种主要贸易产品的变化,为本书提供可供参考的贸易数据。

"茶到汉口盛,汉口因茶兴。"茶叶是汉口最主要贸易产品之一,汉口茶叶贸易占对外贸易重要比重。过去研究汉口茶叶贸易的文献较多。其中,代表专著有许甫林的《天下茶仓:汉口东方茶港》(武汉出版社2014年版)。许甫林认为,近代中国茶叶在一段时间内的国际市场占有率较高,而汉口茶叶出口占全国贸易重要比重。因此,近代汉口享"东方茶港"之称、得"天下茶仓"之誉。汉口由茶而兴、因商而盛。拥有全国产茶业得天独厚中心位置的汉口,在清末到民初的半个多世纪里,成为全国最大的茶叶集散地、最大的国际茶叶交易市场以及最大的砖茶之都,从而诞生了驰名世界的汉口茶港。该书还特别介绍了汉口码头的百年兴衰史、中俄茶叶之路以及汉口的俄商洋行,为近代汉口茶叶贸易和中俄贸易研究提供资料。刘晓航的《大汉口:东方茶叶港》(武汉大学出版社2015年版)介绍了英商和俄商在汉的茶叶贸易活动、汉口茶商、茶组织、茶税和江汉关的建立、茶码头与码头文化、张之洞与湖北茶政,汉口茶叶巨商、汉口茶叶贸易的衰落等方面的内容。

部分期刊论文从不同角度介绍了近代汉口茶叶贸易。由于中俄茶叶贸易量巨大，郭蕴深的《汉口地区的中俄茶叶贸易》(《江汉论坛》，1987) 专门研究了中俄茶叶贸易。该文认为，俄商在汉口茶叶贸易推动了汉口贸易市场的开放。任放的《论印度茶的崛起对晚清汉口茶叶市场的冲击》(《武汉大学学报 (人文科学版)》，2001) 介绍了汉口茶叶与印度茶叶在国际市场上的竞争，从一个侧面反映了汉口茶叶贸易的兴衰史。陈倩的《开埠前后的汉口茶市》(《湖北经济学院学报 (人文社会科学版)》，2007) 主要介绍了晋商和俄商在汉口茶叶贸易市场中的势力消长变化以及对当地经济格局和社会发展产生的多种影响。该文认为，汉口茶叶贸易推动了当地农产业发展，改变了当地经济结构，为当地政府提供了重要的税收来源。同时，茶叶贸易还引进了新科技，带动了轻工业发展。

桐油也是汉口主要的贸易商品之一。民国时期，专门研究汉口桐油贸易的文献主要有：上海商业储蓄银行调查部编写、上海商业储蓄银行出版的《桐油》(1932)，贺闿和刘瑚合编、实业部汉口商品检验局出版的《桐树与桐油》(1934) 和《世界桐油文献》(1937)。这些早期研究为汉口桐油贸易研究留下珍贵史料。1949 年后，研究汉口桐油贸易的文献相对较少。杨乔的《战前汉口桐油业华商和洋商的竞争与合作》(《兰台世界》，2013) 分析了 1919—1921 年洋商和华商在汉口桐油贸易上的市场占有率。该文指出，由于洋商享有各种特权，虽然汉口本地桐油业有各种贸易组织以及政府的支持，但仍很难与外国资本相抗衡。

研究汉口其他主要贸易产品的文献多为期刊论文。这些论文主要介绍了汉口棉花、粮食和竹木等商品的贸易发展。徐凯希的《近代汉口棉花贸易的盛衰》(《江汉论坛》，1990) 研究了近代汉口棉花贸易的发展和演变。汉口是近代时期内地最大的棉花集散市场和消费市场，该文主要介绍了汉口棉花种植历史、棉花贸易市场、棉纺织工厂发展以及汉口棉行业的主要组成部分 (进口商、出口商、花行、打包业)。徐凯希认为，汉口棉花贸易迅速发展的原因在于近代小农经济的解体、新销售市场的出现和新棉种的引进，而汉口棉花贸易衰落的原因在于自然灾害频发、棉花品种退化、掺杂作伪之风盛行、税捐繁重和世界经济危机的影响等因素。张岩的《清代汉口的粮食贸易》(《江汉论坛》，1993) 主要介绍了汉口粮食的集散、经营、运销、米业公所以及粮食贸易的性质。张岩认为，在封闭的经济体制中，粮商贸易获利的主要途径是靠地区差价，而在开放的市场体制中，粮商可通过竞争获取更多市场占有率而获利。石莹的《清代汉口的竹木市场及其规模分析》(《中国经济史研究》，2015) 利用荆关税收数据，反推竹木市场的流通量与价值量，估测贸易规模。该文认为，汉口是清代长江流域最大的竹木中转集散市场，所占比重及规模为全国首屈一指，木竹贸易是关乎汉口盛衰的重要行业之一。

(四) 关于近代汉口租界与贸易发展的研究

近代汉口租界的建立与港口发展开放型经济有着紧密联系。外国商人来汉经商加强了汉口与其他国家的经济和文化来往。租界的建设推动了汉口的城市发展，更多的工作机会和更加现代化的居住环境吸引了大量外地劳动力。移民人口的不断流入，反过来增加了当地的市场需求，促进了商品流动、经济繁荣与城市建设。一些研究近代汉口租界与城市发展历史的专著介绍了租界建设对商埠和地区经济发展的长远影响，为本书提供参考。

袁继承主编的《汉口租界志》(武汉出版社 2003 年版) 是迄今为止较为全面分析汉口租界概况的专著。此前，只有武汉市政协文史资料委员会编纂的武汉文史资料 1991 年第四辑《汉口租界》对汉口租界发展做过完整论述。历史学者李宪生评价袁继承的《汉口租界志》客观反映了汉口租界的历史原貌，具有"存史、资治、育人"的功能。文史学者冯天瑜为该书作序，他指出，租界作为帝国主义国家殖民的产物具有双重作用，一方面加速了殖民化过程，另一方面促进了经济社会现代化过程，因此需要全面、不偏颇地看待租界的历史作用。《汉口租界志》一书系统介绍了自 1861 年英租界成立到 1945 年抗战胜利后法租界被收回期间汉口五国租界区域的人口、经济活动、政治体制、文化事业、公用事业、社会生活等方面的内容。该著作为后续汉口租界研究奠定了坚实基础。

周德钧的《汉口租界：一项历史社会学的考察》(天津教育出版社 2009 年版) 论述了汉口租界从"异质文化空间"到"边缘文化空间"的演变，以及中西文化从对立、冲突到接纳、融合的过程。周德钧认为，研究弱势文化如何面对强势文化，并在强势文化前保持个性与自尊，同时又能做到不故步自封，以开放的胸襟去学习和创新，极具现实参考作用。在租界的发展过程中，与华界分割的空间格局逐渐被打破，"华洋互市"从最初的隔阂到后期的繁荣，最终形成了"华洋杂居"的景象。该文指出，租界具有示范效应，汉口华界的"洋化"与租界的"本土化"双向混融。这种"示范效应"不光停留在物质层面，还深入精神层面。汉口城市文明在发展的同时，商业文明也产生了一系列从商品、贸易组织到市场的结构性变化，包括现代商业理念、商业组织、营销方式等方面的改变。汉口传统的商业制度，如家族制和学徒制管理模式，被现代化公司制所取代。王汗吾和吴明堂所著的《汉口五国租界》（武汉出版社 2017 年版）一书，详细介绍了五国租界的建立与扩展、租界的政治运作架构、租界"基本法"和行政法规、汉口万国商会和各国商会等方面的内容。

皮明庥和吴勇所著的《汉口五百年》（湖北教育出版社 1999 年版）一书，将汉口城市史发展分为三个时期：第一时期是从 15 世纪汉口形成到 1860 年间汉口第一次崛起；第二个时期是 1861—1949 年近代汉口城市转型和第二次崛起；第三个时期是 1949 年后汉口的第三次崛起。该书扩充了皮明庥所著的《近代武汉城市史》（中国社会科学出版社 1993 年版）一书中的内容，并分门别类地介绍了汉口开埠后的城镇建设、商贸发展、社会与文化民俗的改变。

罗威廉编纂的《汉口：一个中国城市的冲突和社区（1796—1895）》（中国人民大学出版社 2008 年版）一书，主要分析了近代、现代化城市正式与非正式的社会政治功能，及其对人口的影响。罗威廉认为，汉口城市建设对于人口的影响主要体现在文化与政治上。他从市民职业结构、生产组织、城市化移民、精英和社团意识等方面论述了这一看法。该书还侧重分析了汉口城市化过程中存在的外国与本土的文化冲突、贫困冲突以及意识形态冲突。罗威廉认为，即使在外来人口不断增加的情况下，19 世纪的汉口城市社区及其成员依然保有一种"社会共识"。这种社会共识"灵活圆融、兼容并包"，使汉口在经历巨大经济、人口与文化变迁的 19 世纪仍能保持相对的社会平静，这极其有利于商业发展。罗威廉还提出，近代汉口属于基本自治的状态，这也有利于商业发展。国内学者方秋梅在《近代汉口市政研究（1861—1949）》（中国社会科学出版社 2017 年版）一书中反驳了罗威廉认为 19 世纪的汉口基本自治的观点。方秋梅认为，商业自治程度高的汉口在政府的强势治理下发生转变，最终沦为官治的附庸。该书着眼于近代汉口社会的转型和城市文明的进步，系统梳理了近代汉口市政体制的发展演进，并总结了近代汉口市政发展进程中各阶段官办市政与民办市政的特点。随着汉口工商业的发展，中国商人的主体意识觉醒。他们要求当地政府仿学外国租界区内的行政模式实行新政，减少旧制对商业发展的阻碍。

一些学者认为近代汉口的城市发展具有带头作用。冯天瑜和陈锋主编的《武汉现代化进程研究》（武汉大学出版社 2002 年版）一书中认为，汉口作为中国早期开放的城镇，其现代化发展对于周边乃至中部地区具有较强影响力。该书指出，近代早期现代化"不是在全球各地纷然并起的，而是在某一角落率先勃兴，渐次弥散开来的"。刘剀在《晚清汉口城市发展与空间形态研究》（中国建筑工业出版社 2010 年版）一书中指出，由于汉口商贸的发展，逐渐形成了以汉口为中心枢纽的省内市场网络、全国市场网络和国际市场网络。

上述内容总结了过去关于近代汉口经济史的国内外研究。另一类与本研究相关文献是有关开放型经济对贸易利益影响的研究。现代贸易理论能更清晰地解释对外开放的贸易利益效应，为分析近代汉口开埠与贸易发展提供必要的理论框架。

贸易利益是新国际贸易理论诞生以来的研究核心。始自 20 世纪的垄断竞争理论（Chamberlain，1933）和不完全竞争理论（Robinson，1933）为"规模报酬递增"和产业内贸易（Intra-industry Trade）相关研究的发展奠定基础。Paul Krugman（1979）基于 Avinash Dixit 和 Joseph Stiglitz（1977）的模型指出，随着国际市场规模的扩大，可供选择的产品种类增长将提高贸易利益。Paul Romer（1986）的知识溢出模型、Robert Lucas（1988）的人力资本模型以及 Gene Grossman 和 Elhanan Helpman（1989）贸易模型都利用全球贸易环境下收益递增来解释知识、技术外溢效应和人力资本积累所带来的经济内生增长。在垄断竞争框架下，内生增长理论主要研究产品种类增加、产品质量提升和专业化加深与贸易利益息息相关的生产增长类型。

随着企业层面微观数据的不断完善，Marc J. Melitz（2003）借鉴 Hugo A. Hopenhayn（1992）动态产业模型扩展了 Krugman 贸易模型，并建立了企业异质性（Firm Heterogeneity）理论。企业异质性模型表明，开放型经济会诱使生产率较高的企业进入出口市场，处于生产率中游的企业将继续供应国内市场，而生产力最低的企业会退出市场。这就解释了为什么国际贸易会促使行业资源流向生产率较高的企业，并能提高整个行业的生产率和贸易利益。针对开放型经济环境对企业层面决策影响的研究主要包括：生产商品范围和出口产品种类（Bernard et al.，2006）、技术选择（Acemoglu et al.，2007）、创新投资水平（Atkeson and Burstein，2010）。这些模型都预测贸易自由化会引发企业间资源的重新配置。

除规模经济效应和行业生产率提高之外，产品种类多样化也是重要的贸易利益来源。基于 Paul Armington（1969）的理论，Robert Feenstra（1994）首次构建了能具体估算进口产品种类增加对贸易利益影响的计量模型。该模型将新产品种类纳入进口价格指数常替代弹性函数，进而衡量新品种对单一进口商品价格指数的影响。Christian Broda 和 David E. Weinstein（2006）在 Feenstra 基础之上，将总体价格指数扩展为多商品价格指数，更精确地估算了不同时间段和国际贸易标准分类下集合数据的替代效用函数和总体物价指数，并探讨了全球化和产品多样化对福利的影响。Feenstra（2014）认为，产品种类的多样性、竞争导致的价格下降，以及企业选择导致的优胜劣汰是消费者福利增加的主要途径。因此，只有充分考虑产品的垂直与水平差异，才能为研究开放型经济的福利效应问题提供更好的解释。

近十几年来，国内外学者基于新国际贸易理论做出了不少优秀的实证研究，具体可分为三类：

一是论证进口产品多样性对福利水平的提高。钱学锋等（2010）估算了中国进出口产品种类对进口和出口价格指数的影响。他们认为，虽然中国贸易条件有所恶化，但贸易种类的增加和多样性使实际贸易条件有所改善。因此，扩大贸易、增加贸易产品种类可以有效优化中国贸易利益。陈勇兵等（2011）估算了1995—2004 年中国进口产品种类增加对价格和对社会福利的影响。他们指出传统价格偏高，并校正了电子和零配件产品的价格偏差。钱学锋等（2011）主要从制造业的角度分析了进口贸易产品种类增加的影响。他们的结论认为，大部分资源、原材料和零部件生产行业的进口产品种类增加能显著提高中国制造业生产率。陈波（2012）论证了贸易品种增加能促进生产力与福利水平。该文指出，在开放的贸易体系中，发展中国家的增益要大于发达国家。1997—2008 年进口产品品种的增加促使中国消费者福利总体上升 6.2%（年均增加 0.53%）。王明荣等人（2015）估算了 2000—2011 年中国的进口贸易数据，并认为进口商品种类多样化可以显著提高贸易利益。张永亮和邹宗森（2018）测算了 1995—2014 年的贸易数据，得出相同结论。

二是论证关税削减对商品价格的影响。赵永亮（2013）指出，2000—2009年中国初级品和制成品的进口多样性总体保持增长态势，但存在由东向西阶梯形下降的区域不平衡特征。中间要素品对进口壁垒的敏感度低于最终品进口。贸易壁垒总体上不利于中国进口多样性的提升。施炳展和张夏（2017）指出，降低关税可以降低消费品价格、提高居民收入、增加社会福利。同时，由于家庭消费结构、工资占家庭总收入比重以及关税削减传递程度的差异，不同地区和不同家庭的福利变化存在差异。贸易自由化存在福利分布效应。Alessandro Nicita（2009）指出，削减关税会降低国内消费品价格和消费者支出，进而提升居民工资、增加收入，因此，削减关税具有支出效应和收入效应。但关税自由化的积极影响对不同收入水平和不同地理区域的收益分配的存在显著差异。通常较富裕的家庭所获得的受益相对较多。反之，关税增长会导致产品价格大幅上涨，关税将会转嫁到进口产品的国内价格，进口商品种类可获得性下降。吴梦（2018）指出，减少中间投入品的关税能显著提高贸易利益、降低商品价格，从而使居民获利。该文还观察了贸易自由化对不同收入家庭的影响，并指出低收入家庭可以从关税削减中获得较大收益。Mary Amiti et al.（2019）评估了保护主义关税对经济的影响。他们分析了 2018 年特朗普政府推出的保护关税政策，并认为随着贸易保护措施的加强，供应链网络发生重大变化。美国中间产品和最终产品价格大幅上涨，进口品种的供应明显减少，关税完全转嫁到进口商品的价格上。该文估计到 2018 年年底，美国每月实际收入总额将减少 14 亿美元，关税全部由国内消费者和进口商承担。同时，其他一些国家对美国征收关税进行报复，该研究表明贸易战也减少了这些国家的实际收入。

三是论证区域贸易合作对贸易利益的影响。Giuseppe Berlingieri et al.（2018）指出，基于区域经济合作所签订的贸易协定能显著提高贸易产品质量、降低价格指数。该文评估了 1993—2013 年，欧盟实施的新一代贸易协定对贸易利益的影响，探讨了合作对产品价格、质量和品种变化的影响。就整个欧盟而言，贸易协定使产品质量平均提高了 7%，消费者价格指数累计下降了 0.24%。

该文还指出，欧盟国家、贸易伙伴和贸易协定类型之间存在高度的异质性，高收入欧盟国家的产品质量增长更多，整体消费者受益更大。Duc Bao Nguyen（2019）考察了 18 个多边区域贸易协定对集团内部贸易和成员国与世界其他国家贸易趋势的影响，并评估了这些协议对国际贸易体系的影响。该文基于重力模型，对 1960—2014 年 160 个国家进行了评估，并发现贸易协议具有广泛的贸易促进效应。在贸易协定下，在美国和非洲的贸易中具有明显的出口和进口的贸易转移（Trade Diversion）。相比之下，欧洲和亚洲区域贸易组织的出口和进口贸易创造（Trade Creation）① 更为突出。Vidya Ct（2020）测算了 50 个国家的贸易强度指数与区域化水平，其中，包括发达国家和发展中国家。该文认为，区域经济一体化和贸易自由化缩小了"中心与边缘"的差距，提高了区域整体福利水平。贸易自由化改变了世界贸易结构，亚洲新兴经济体已发展成为全球市场的领导者和出口中心。

综上所述，现有文献为该领域研究奠定扎实的理论基础和可供借鉴的实证分析。然而，过去探讨近代汉口对外开放与贸易发展的研究存在两个方面的不足。

一是缺少近代汉口对外开放与贸易发展的系统理论分析。国内外经济学者在分析现代国际贸易问题时构建了许多科学的理论框架，但针对近代贸易发展的理论分析仍然存在许多缺失。汉口港作为百年前中国中部的重要港口，其对外贸易的历史地位极具研究价值。研究近代汉口经济发展能为促进中国现代经济开放、经济合作和建设经济融合的利益共同体提供参考。系统梳理近代汉口对外开放进程，构建分析贸易利益的理论框架，能更好把握近 200 年来中国经济开放发展脉络，为中国建设特色自由贸易港和高层次开放型经济体制提供相关的历史依据和启示。

二是有关近代汉口对外开放与贸易发展的研究缺少系统性的数据分析。已有研究主要从历史、文化角度描述性分析了近代汉口的对外贸易发展，但对于汉口开埠后进出口贸易、转口贸易，以及关税、商品种类和价格的贸易数据分析较少。而现有关于开放型经济与贸易利益的绝大多数研究主要使用改革开放后的贸

---

① 贸易创造能带来商品成本降低、经济一体化效率提高以及同盟国的贸易利益上升。贸易创造效应和贸易转移效应由芝加哥学派经济学家 Jacob Viner 于 20 世纪 50 年代提出，用来分析自由贸易区和关税同盟对伙伴国产生的不同经济效果。

易数据，鲜有研究整理并运用近代贸易统计数据。早期针对近代通商港口的研究强调商埠开放的外部效应，但商埠开放所带来的内生增长效应同样重要。作为带动近代经济增长和贸易利益提高的近代商埠系统极具研究价值。在倡导构建开放型经济新体制的当下，历史上的贸易大港是否能再次带动内陆地区贸易开放与经济增长成为一项重要议题。因此，通过量化历史的方法剖析近代汉口开放型经济体制的内涵与发展途径至关重要。

基于过去文献的不足之处，本书旨在通过收集整理近代汉口经济贸易文献史料和原始贸易数据，系统分析对外开放对汉口贸易利益的影响。这种影响主要表现在三个方面：（1）贸易组织变迁：新型工厂、新企业、新金融机构、新行业的出现以及传统贸易组织的转变加深了市场竞争，提高了产业生产力。（2）进口、出口和转口贸易扩大：商品种类多样化和商品来源地区结构多元化有利于扩大消费者选择范围，降低商品价格。（3）汉口经济辐射效应：汉口贸易活动的溢出效应推动了汉口周边及长江沿线的贸易发展，促进了中部地区经济建设。为论证这些影响，本书将：（1）以贸易利益为出发点对近代汉口对外开放与贸易发展进行文献分析，论述开放型商埠对近代国内市场一体化、新贸易组织和经济体制发展、进口扩大以及区域经济产生的影响。（2）结合国际贸易理论构建适合分析近代汉口对外开放与贸易发展的理论框架。在将国际贸易理论"本土化"的过程中，加入近代政治环境、经济条件、贸易政策、社会规范等因素的分析。（3）分析近代汉口对外贸易统计数据。现有贸易利益研究主要运用改革开放后的贸易数据，分析了 20 世纪 80 年代后对外开放与福利水平的关系。本书将大量运用近代海关原始数据，分析近代汉口对外开放与贸易利益之间的关系。数据分析结果将为政府推动现代自由贸易港发展和建设高水平开放型经济新体制提供历史参考，为企业有效促进港口经济和区域经济发展、提高贸易利益、优化行业内资源配置和推广更开放的对外贸易提供经验借鉴与启示。

本书的内容主要分为文献研究、理论研究、数据分析和结论启示四个部分：

一是文献研究部分。本部分利用文献分析与比较分析方法全面梳理近代汉口对外开放和贸易发展。文献分析将围绕近代汉口开放对贸易利益产生的三个主要影响展开：（1）新贸易组织和经济制度的诞生。新企业、新生产技术和新经营的管理制度的引进等对近代汉口市场发展产生的影响主要包括：贸易组织结构的优化、行业生产率和国际市场竞争力的提高，以及贸易与经济体制改革。（2）进口扩大，包括进口商品数量、种类增加、价格变化和进口地区结构的多元化。（3）规模经济效应和国内市场一体化，包括产业聚集、区域生产要素优势、产业链的形成、资金与人员流动以及商品结构变化。

二是理论研究部分。本部分通过国际贸易理论构建分析近代汉口对外开放与贸易利益的理论框架。通过国际贸易理论，分析生产力增加、关税变化、贸易扩大、产品种类多样性、产品价格与贸易利益之间的关系。在利用国际贸易理论分析近代汉口贸易发展的过程中，加入近代政治制度、社会环境、工业化程度、交通条件、劳动力和外国资本投入等内容的讨论。

古典学派强调开放型经济和自由竞争对贸易利益的积极影响。随着市场规模的扩大，劳动力、贸易活动和移民将随之增加。从封闭型市场到开放型市场，需求的增加会刺激企业数量和产量的增加，进而产生规模经济效应。近代汉口对外开放后，市场的扩大为规模经济提供可能，刺激了国内各类新兴行业的发展。民族工业投资最大的领域多为被外国产品垄断且利润较高的领域，如纺织、轻工业、日常百货制造等领域。这些行业最先形成规模化生产，促进了生产成本的降低及产品价格的下降，从而提高贸易利益。通过古典国际贸易理论可以阐明近代汉口开放型经济体制下分工和规模经济对贸易利益的影响。

在开放型经济条件下，当企业生产的产品不可替代性越强时，企业收益越高，竞争力越强，越有可能进入出口市场。国际贸易会促使产业内企业所占市场份额的重新配置，迫使那些在封闭经济中可以继续生产的企业退出市场，从而提升行业整体生产率。生产率较高的企业通常拥有更大的成本优势和更高的产品利润。这些企业可以带动比较优势部门的生产率增长，扩大一国比较优势部门的市场，在国际贸易中获得更多贸易利益。大市场较小市场而言，平均生产率更高、加价（Markup）更低。因此，在开放型市场中，消费者可以享受更低的商品价格和更高的福利。近代汉口开放型经济促进了现代化企业的发展，加强了国内市场竞争。企业根据消费者需求合理调整产品范围，生产具有市场和竞争力的产品，加速了行业生产率的提高。边缘行业和过时产品逐渐被淘汰，市场资源流向生产率较高的新兴企业。因此，近代汉口对外开放后，可以通过提高行业生产率有效增加贸易利益。

对外开放有助于增加进口产品种类，进而引起总体价格水平下降。近代汉口的对外开放吸引了不同国家的产品进入国内市场，从原料和半制成品到直接消费品，丰富了传统和单一的市场供给，为消费者提供更多选择，满足了居民的消费需求。市场供给产品种类的增加，使相似替代品的数量增加，商品需求价格更具弹性。在市场竞争和消费者选择共同作用下，新品种进入、旧品种淘汰，提升贸易利益。

三是数据分析部分。本部分基于国际贸易理论框架，利用近代中国海关统计数据、近代长江流域主要开放港口贸易统计数据、国内商埠转运货物统计数据和主要商埠贸易统计数据等，对近代汉口对外贸易发展进行实证分析。主要统计分析内容包括：（1）近代汉口进口、出口和转口贸易、近代汉口与全国贸易比较、不同类型进口商品种类数量和价格变化。（2）近代汉口关税分析包括进口税、出口税、复进口税、内地子口税、厘金和吨税，以及这些税种变化与贸易发展的关系。（3）长江流域主要开放港口贸易分析主要包括对长江流域 12 个开埠港口的贸易净值。4 个主要贸易大港的进口产品种类与数量以及关税变化。数据分析结果将主要回答以下三点内容：（1）近代汉口的对外开放是否扩大了贸易，增加了产品多样性，为消费者提供更多选择，普遍降低了产品价格，从而提高了社会福利？（2）近代汉口关税变化对国际贸易产生积极还是消极影响？（3）近代汉口的对外开放是否具有示范作用，带动了长江沿线对外贸易和经济发展？

四是结论启示部分。为建设高水平开放型经济新体制，不断提高贸易利益，本部分主要围绕四点展开：（1）主动开放代替被动开放；（2）重视关键人物对贸易发展具有的突出贡献，主要包括政府官员和杰出地方企业家的贡献；（3）采取适当的关税政策和设置适度的关税税率；（4）以点成带发展长江埠际贸易体系。总结近代汉口对外贸易发展经验，为区域经济建设和国内市场一体化提供途径参考。

最后，本书的缺点和不足主要表现在：（1）近代海关统计的贸易数据庞大，本书只利用近代汉口数据进行分析，还有许多尚待挖掘的内容。（2）运用国际贸易理论分析近代贸易问题仍有发展空间。（3）除国际贸易外，中国近代埠际贸易还有许多可以进一步研究的内容。（4）由于近代特殊的历史背景和有限的海关统计技术，统计数据难免与实际存在偏差，或由于战乱而存在部分年份数据缺失的现象，这些都为研究增加了难度。正如 Thomas Lyons 在《中国海关与贸易统计（1859—1948）》一书中指出的"如何最大限度地利用这些统计数据来研究区域经济的发展"是这类问题研究的关键所在。近代汉口对外贸易发展史不仅是经济发展的缩影，更是近代社会发展的缩影。利用好近代贸易数据，能为国际贸易领域研究提供更多理论证明和历史依据。因此，该领域需要更多学者的关注和贡献。

第二章　对外开放与贸易发展的理论基础

自国际贸易理论诞生以来，对外开放与贸易发展就一直是经济学家关注的焦点问题。分析近代汉口对外开放离不开国际贸易理论支持。同时，用国际贸易理论探讨中国近代的对外开放也将丰富国际贸易理论的内容。由于中国近代的时间跨度，适用的理论主要是从古典国际贸易理论到 20 世纪中前期的国际贸易理论。

国际贸易理论的发展可简化分为两个主要阶段：一是以亚当·斯密为开端的古典贸易理论，二是第二次世界大战后到现今占主导地位的新贸易理论。古典贸易理论主要包括斯密的绝对优势理论、李嘉图的比较优势理论和穆勒的国际贸易理论。第一次世界大战后，赫克歇尔提出要素禀赋理论。随着垄断竞争理论和规模经济理论的发展，新贸易理论逐渐形成完整体系。传统国际贸易理论基于完全竞争市场假设，专注于不同产业间产品的交换，即产业间贸易（inter-industry trade）。随着第二次世界大战后经济的迅速发展，贸易规模不断扩大，传统的完全竞争理论不再适应实际经济情况。因此，新贸易理论提出垄断竞争理论，即垄断与竞争普遍存在，既不存在完全垄断，也不存在完全竞争。新国际贸易理论基于不完全竞争市场条件，专注于同一产业内类似产品的交换，即产业内贸易（intra-industry trade）。然而不管是古典国际贸易理论还是新国际贸易理论，都对对外开放与贸易发展之间的关系作出解释。

第一节　古典国际贸易理论

在亚当·斯密之前，财富的积累被认为是所持金银数量的总和，金银是唯一的财富形式。重商主义主张通过积极出口和限制进口来获得贸易顺差，并强调金银的流入是增加国家富裕程度的唯一形式。斯密在《国富论》（The Wealth of Nations，1776）中反驳了重商主义的观点，并提出财富的积累源于劳动分工。深化分工可以提高劳动者的专业性和熟练度，从而提高劳动生产率，促进经济增长、增加国民财富。18 世纪中叶前，英国工场手工业早已取代家庭手工业形成规模性生产，生产程序的细化提高了工人在某一生产环节的熟练化和专业化水平，促进了生产效率的提高，为劳动者改良工具和发明机械创造了条件。因而，亚当·斯密提出专业分工所带来的生产利润比单一的贸易顺差所带来的金银流入更能增加国家的财富水平。亚当·斯密的理论很好地替代了不再适应当时经济发展水平的重商主义思想。亚当·斯密将专业化分工原则运用到国际贸易中并认为，一个国家生产某种产品的成本取决于该国的自然禀赋或后天有利条件。当生产条件有利时，该产品在国际贸易中具有绝对优势。因此，各国应该按各自拥有的禀赋进行生产分工和交换，扩大优势部门，减少劣势部门，促使自然资源、劳动力和资本得到最大程度的利用，从而提高商品生产率，从贸易交换中获取更大利润。作为市场经济的拥护者，亚当·斯密十分重视资源、劳力和货物的自由流通与优化分配。他认为，实行市场自由竞争有助于实现社会利益的最大化，应通过平等、自愿的交换行为和有效、开放的竞争机制来维持市场经济长久发展。因此，重商主义只重视出口、强调获取贸易顺差和追求单方贸易得利是目光短浅、不利于平衡的行为。国家只有实行利于自由竞争和市场开放的经济政策，才有利于国际分工的发展和国民财富的积累。亚当·斯密的分工和自由贸易理论为古典国际贸易理论的发展奠定基础。

19 世纪初期，工业革命在欧洲普遍蔓延，各国生产率极大提高，国家间的贸易联系进一步加强。李嘉图（1817）在亚当·斯密绝对优势理论的基础上提出比较优势理论。李嘉图认为，如果一国在两种商品的生产成本上较另一国均处于劣势地位，只要选择两种商品之中成本相对较低的商品进行专业化生产，劣势国同样可以从贸易中获利。这就弥补了绝对优势理论将处于生产成本劣势地位的国家排除在国际贸易得利之外的问题。如果每个国家都集中生产并出口具有比较优势的产品，进口具有比较劣势的产品，这样参与国际贸易的国家均可节省资本和劳动力，获得国际分工下劳动生产率提高的利益，从而提高本国福利水平。由于

1815 年前后英国实施的《谷物法》极大限制了谷物的自由进口①，在与马尔萨斯的论战中，李嘉图进一步推进了亚当·斯密的自由竞争理论。李嘉图认为，限制谷物进口将使英国粮食价格上涨，损害居民利益。他提出应更大程度地发展自由贸易并限制政府对经济发展的干预。

对古典学派和新古典学派起到承前启后作用的约翰·穆勒（1848）将贸易利益分为直接利益和间接利益。通商的直接利益在于增加全球各种商品的生产力效率，使消费者最终获利，而不在于为一般生产过剩寻找销售途径。通商在经济上和道德上的间接利益要高于直接利益。间接利益表现在国际市场需求可以促进更广泛的生产分工、更深度的机械化和生产过程中更多的发明和改进，从而满足世界人民对新商品的需要。穆勒指出，知识和道德上的利益远超出通商经济利益，国际贸易带来的文化和技术交流能促进不同民族的共同繁荣与个人利益和战争的对立，成为世界和平的主要保证，同时也是人类思想、制度和品行不断进步的永久保障。作为自由主义的捍卫者，穆勒同样强调开放贸易和自由竞争的重要性②。

第二节　要素禀赋理论

第一次世界大战后，瑞典经济学家赫克歇尔在《对外贸易对收入分配的影响》（"The Effect of Foreign Trade on the Distribution of Income"，1919）一文中抛弃了古典学派以生产商品所花费的劳动来决定价值的命题，而是运用一般均衡的分析方法探讨了各国资源要素禀赋（Factor Endowment）构成与商品贸易模式之

---

①　1846 年英国保守党政府废止了《谷物法》来降低粮食价格以缓解爱尔兰大饥荒带来的负面影响，但短期（当年）成效并不明显。新继任的辉格党政府受多种因素影响继续实行自由放任的政策，拒绝干预爱尔兰粮食短缺问题，这使爱尔兰饥荒问题更加恶化。饥荒造成了惊人的死亡人数，使一些历史学家在之后的研究中提出这场灾难是由于政府的错误政策导致的"种族灭绝"，也因此使自由主义政策受到怀疑和非议。但爱尔兰饥荒的悲剧不是由辉格党政府实施的自由放任的政策造成的，这场灾难的成因包含多种政治因素，主要包括土地制度产生的地租矛盾和农民不断恶化的悲惨处境。事实上，大饥荒时期爱尔兰出口到英格兰的农业产品不减反增。因此可以说明，推行自由贸易并不是造成这场灾难主要原因，只是在错误的时间被辉格党政府利用来逃避自己的责任。

②　尽管穆勒自己在当时全球最大的国际垄断企业——东印度公司里长期任重要职位。也许正因为身处垄断企业之中，才更能看清垄断带来的危害、更期待自由竞争的良性市场。

间的关系，并提出国际贸易会促使要素的绝对价格平均化。所谓要素禀赋通常是指一国所拥有的可用于生产的资源，主要包括土地、劳动力、资本和企业家等。赫克歇尔在他的论文中抽象假设了要素禀赋不同的两个国家之间的贸易关系，他认为资本富裕国应出口资本密集型产品，劳动力富裕国则应该出口劳动密集型产品，以此减少两国的生产成本，通过国际贸易提高本国收入水平。赫克歇尔的学生俄林在《区际贸易和国际贸易》（*Interregional and International Trade*，1933）一书中进一步发展了这一理论。Heckscher-Ohlin 模型表明，由于每个国家或地区所拥有要素禀赋的丰富程度不同，且不同产品生产所需要素比例不同，所以不同的生产成本导致了商品价格的差异。如果一国或地区拥有相对丰富的资源禀赋，生产并出口拥有要素较多的产品会在国际贸易中获得比较优势。在自由贸易条件下，资源要素相互流通，国家或地区间的产品价格将会逐渐趋向于平衡。虽然这套理论秉承古典经济学的传统，是建立在一系列理想的假设条件上，但毫无疑问，这套理论解释了第一次世界大战后农业国和工业国间的国际贸易发展问题。

不少经济学家在 H-O 模型及其建构的一般均衡体系上衍生出更多理论模型。其中，代表理论有新古典综合学派 Paul Samuelson 提出的要素价格均等化定理（Factor Price Equalization）、解释产出商品的相对价格和相对生产要素报酬之间关系的 Stolper-Samuelson 定理和解释要素禀赋变化对国际贸易的影响的 Rybczynski 定理。但是也有学者对 H-O 模型提出质疑。1953 年，Wassily Leontief 在研究了美国贸易数据后指出，按 H-O 理论推断，身为资本密集型国家的美国应大量出口资本密集型产品，但美国出口的资本密集型产品却少于劳动密集型产品。因而，他提出了著名的"Leontief Paradox"，并在经济学界引发广泛讨论。新贸易理论则认为，比较优势可以独立于要素禀赋变化之外发展。

第三节　不完全竞争理论

始自亚当·斯密的完全竞争市场理论在自由主义盛行时期一直受到古典主义经济学者的追捧。但随着国际贸易规模的不断扩大，垄断从个别现象逐渐变为普遍现象。不同国家之间因比较成本或资源禀赋差异而进行的贸易只占世界贸易额比重的一小部分。虽然，后期古典学派和新古典学派皆对市场的不完全性和垄断现象做过大量研究，但仍然坚持市场以完全竞争为主导的理论框架。

1933 年，美国经济学家爱德华·张伯伦和英国经济学家琼·罗宾逊分别出版了《垄断竞争理论》（*The Theory of Monopolistic Competition*）和《不完全竞争经济学》（*The Economics of Imperfect Competition*）两部著作。这两部论著都为以垄断竞争理论为核心的新国际贸易理论奠定基础。古典经济学中假设：市场处于完全竞争状态；市场信息是完全和对称的；市场上有许多经济主体且数量众多；任何一个卖者或买者都不能通过自身购买或销售控制市场价格；商品具有同质性；企业进入市场无须考虑成本问题；资源可以自由流通不受任何限制。但在现实中，这些假设条件难以满足。现实中，更多的是买卖双方市场信息不对称、行业内寡头企业普遍存在、产品具有非同质性且消费者具有明确的偏好。因此，垄断竞争比完全竞争和完全垄断更符合现实情况。不同于完全竞争市场理论，垄断竞争理论认为：买卖两方不具备完整信息；生产者具有较高市场定价力，在一定程度上能控制商品的市场价格；不同企业生产的产品具有差异性；每个生产者独立作出市场定价决策，而并非联合垄断市场。

第二次世界大战后，产业内贸易和发达国家之间的贸易迅速增长。产业内贸易是与传统国际贸易理论中产业间贸易相对的概念。古典和新古典学派认为，产业间贸易的原因是各国具有不同比较优势，在产品同质的条件下消费者不存在偏好差异，各个产业不存在规模经济。而产业内贸易产生的原因是产品生产要素的投入不同、具有差异性，消费者偏好具有多样性，以及大量跨国公司的直接投资。产业内贸易解释了要素禀赋理论所不能解释的为什么一个国家在出口的同时又进口某种同类产品的现象。

第四节　规模经济理论

除完全竞争之外，新国际贸易理论打破的另一个关键假设是规模报酬不变（Constant Returns to Scale）。传统国际贸易理论认为，企业生产规模达到最优后，会进入持平阶段；如果再扩大生产规模，则可能进入规模报酬递减阶段。因此，规模报酬不变是指企业生产规模增加的比例与报酬增加相等。而新国际贸易理论利用数学模型研究规模经济（Economies of Scale），解释了第二次世界大战以后生产中越来越明显的报酬递增现象。由于垄断的存在，厂商可以通过扩大生产规模来降低产品成本，获得利益。其实，新古典学派的创始人马歇尔就已经意识到大规模生产效应，并提出了外部经济和内部经济。马歇尔（1890）指出，大规模生产的利益在工业上体现得最明显，其主要利益包括技术、机械和原料经济。专业机械的使用与改良，专业技术和企业经营管理工作的进一步划分是规模化经营的优势。如果一个企业扩大经营规模，并获得内部经济，就会表现出报酬递增和利润提高。同时，人口增加会促进工业效率和规模经济效应。工业扩充会反过来促进财富增长和增加社会福利。但马歇尔认为，在多数情况下，报酬递增和报酬递减这两种倾向不断相互压制和抵消，产生报酬不变规律。这种经济思想与新古典经济学派中的局部均衡理论紧密相关。

对贸易利益相关理论的梳理，为分析汉口贸易发展对贸易利益的影响奠定理论基础。在后续章节的论述中，将会使用到这些理论探讨开放引起的进出口贸易扩大、新式工厂引起的规模生产效应、进口产品种类增加和价格变化以及关税变化等对近代汉口贸易利益的影响。

第三章　近代汉口开埠与贸易发展

第一节　近代汉口开埠的历史背景

近代汉口作为早期对外开放的港口拥有得天独厚的地理位置和历史文化积淀。正是这些原因吸引了大批外国商人来汉经商、发展贸易。汉口镇自诞生到近代结束主要经历了三个发展阶段：一是明朝中期到清朝晚期汉口开埠，属于传统商品经济时期；二是汉口开埠到19世纪末，属于传统商品经济与早期现代化经济融合时期；三是20世纪开端到国民政府统治结束，属于早期现代化经济发展时期。

一、明清时期的汉口镇

长江中游都城的起源可追溯到3500多年前的殷商时期。因青铜开采与运输而兴起的盘龙城成为长江文明的发源地，为日后楚文化的发展奠定基础（阎志，2017）。魏晋时期，孙权迁都鄂城，遂改名为"武昌"，取"以武而昌"之意。隋朝大业二年，隋炀帝改汉津县为汉阳县，汉阳自此而生。明朝成化年间，汉水改道后，位于长江和汉水交汇处的汉口应运而生。拥有优越地理位置的汉口迅速成为中国中部水道交通的咽喉，明清时便是天下商贾聚集之地。

明朝时期，由于湖北、湖南和四川地区粮产丰富，有"湖广熟，天下足"之说。粮食通过水道交通运往南北各省，汉口逐渐成为湖广地区漕粮①和淮盐②转

---

① 漕粮即为税粮。主要通过河道和海道两种水运方式从东南地区运往顺天府。
② 淮盐产区是中国四大海盐产区之一。《明史·食货志》记载："淮南之盐煎，淮北之盐晒。"

运集散的重要港口，吸引了来自全国的商贾来此经商。大量粮、盐的转运带动了汉口商品贸易的繁荣发展，经销的商品种类数量繁多。当时汉口主要的贸易商品包括棉花、棉布、茶叶、药材和竹木等。发展到清代，汉口已然成为长江中游最繁华的地区，被誉为"四大名镇"① 之首，并有"天下四聚"② 之一的美称。范锴（清）的《汉口丛谈》中记载，"汉口自明以来，久为巨镇"，"路衢四达，市廛栉比，舳舻衔接，烟云相连，商贾所集。难觏之货列遂，无价之宝罗肆"。由于发达的商业和全国商人的汇集，汉口成为清朝人口大镇："楚北汉口一镇……户口二十余万。"③ 晏斯盛的《请设商社疏》中记载："五方杂处，百艺俱全，人类不一，日销米谷不下数千。"人口的增长不仅增加了对商品数量的需求，更促进了商品种类的多样化。汉口主要贸易产品比起明朝时期又增加了不少品种。

虽然汉口是明清时期内陆的大型商品市场，但其贸易主要限于全国范围内的商品集散。由于 1757 年后清政府只留广州一口对外通商，因此汉口从明朝中期到清朝晚期属于内陆封闭港口，只对国内各港口开放贸易，其贸易形式属于封闭型埠际贸易。

二、汉口租界的建立

鸦片战争后，中国进入百年动荡的近代时期。1856 年，第二次鸦片战争爆发。清政府于 1858 年与英、法、美、俄签订《天津条约》。条约规定在中国增辟十一个通商口岸，允许外国公民在开放口岸居住、租赁房屋、建造楼房和道路等。《中英天津条约》规定：开放汉口为通商口岸，外国商船可以于各开放港口间往来贸易。由此，汉口成为最早被开辟的长江通商口岸之一。条约签署后，英国政商前往汉口着手开埠事宜。据《夏口县志》记载，英国驻华海军司令贺布（James Hope）和驻华使馆参赞巴夏礼（Harry Smith Parkes）于 1861 年 3 月乘英国轮船到达汉口，会见当地官员并划定租界范围："立约之日，本参赞、本司当面言明，所定此地界址，不能越花楼巷之西一带再租，免碍镇市铺屋。嗣后各国来汉租地，自必一律办理。"

---

① 四大名镇分别是湖北汉口镇、河南朱仙镇、广东佛山镇和江西景德镇。

② "天下四聚"代指当时商业发达和人口聚集地，分别是北方的北京、中西部的汉口、东部的苏州和南方的佛山。

③ 晏斯盛：《请设商社疏》，载《皇朝经世文编》卷 40《户政》。

1861 年汉口正式开埠后，主要有五个国家在汉口开辟租界。按开辟时间先后来看，分别是英租界（1861 年至 1927 年）、德租界（1895 年至 1917 年）、俄租界（1896 年至 1923 年）、法租界（1896 年至 1943 年）和日租界（1898 年至 1934 年）。除五国租界外，比利时在日租界附近私购土地约 600 亩，并修建堤岸和住房。其他各国引用"利益均沾"条款接踵而来，相继在汉口设立外国领事馆，包括美国、意大利、荷兰、丹麦、瑞典、挪威和墨西哥等。近代汉口外国领事馆数量仅次于上海。租界建立后，各国商人"趋之若鹜"来汉从事国际贸易活动。

租界是以开放港口为中心建立起来的经济区域，其空间发展对该区域和周边地区经济产生深远影响。以客观的历史角度来看，汉口租界对汉口经济发展的影响既有负面影响也有正面影响。负面影响包括对汉口区域经济的分割，造成区域发展不均和拉大贫富差距的问题。而积极影响即开放经济带来的好处，主要包括快速的经济增长、工业化以及人力和资金资本的流入。正如 Jia（2011）指出，近代拥有通商港口的城市与地区比其他相似未开放地区的经济增长率高出 20%，并在现代改革开放后在对外贸易发展上更具优势，但这种发展的历史根源来自"被迫地开放"。Thomas Rawski（1989，70）的研究发现，1912—1936 年，近代开放口岸经济的制造业部门每年增长约 8.1%，而日本和美国这样发达的工业化国家分别为 8.8% 和 2.8%。随着租界内基础设施的不断完善，外籍人口不断增加。1892 年，各领事馆注册在汉外国人为 374 人。1901 年，在汉外国人为 990 人；到 1910 年，增至 2806 人。外商在租界区内大兴土木，商业街上商铺林立，并在汉口港修建码头，发展交通运输业。由于贸易带来的经济增长，提供大量就业机会，吸引大批外地移民人口，汉口城市规模不断扩大。汉口通商口岸的开放使当地经济发展进入新时期。到 20 世纪初，汉口成为全国仅次于上海的第二大贸易港口和内陆第一大港口，被誉为"东方之芝加哥"[1]。同时，外商投入大量资金开设工厂和洋行。洋务派中的大官僚和最早在中外贸易中积累资本的本土商人也效仿外商开设工厂，本土工业也随之兴起。汉口由一个封闭的内陆城镇逐渐转型为一个开放型的国际化工业城镇。大汉口成为华中地区名副其实的政治、经

---

[1]　水野幸吉：《汉口》，上海昌明公司 1908 年版。

济、文化和金融中心。*The New Republic*（《新共和》）杂志主编 Weyl E. Walter 访华后称，"工业之城汉口，实乃中国芝加哥"①。"东方芝加哥"的美称由此流传开来。汉口作为长江流域的重要港口和主要贸易城镇，其对外贸易发展对中国中部地区经济发展产生了重要影响。

三、民国时期的汉口市

1912 年中华民国建立后，汉口因其重要的地理位置而受到政要的重视。孙中山在《建国方略》的《实业计划》中指出，汉口是"与世界交通唯一之港"，应将武汉建设成与纽约和伦敦一样的大都市。民国期间，中国陆续收回汉口各国租界。1926 年，汉口改镇为市。次年，国民政府迁都武汉，武昌、汉口和汉阳三镇首次被划为一个行政区。获法国巴黎大学博士学位的刘文岛（1893—1967）被任命为汉口市第一任市长。刘文岛新修公共基础设施，将现代城镇建设引入武汉。获美国普林斯顿大学硕士、博士学位的吴国桢（1903—1984）任汉口第二任市长。吴国桢在任期间制定了鼓励出口贸易的政策，推动了社会开放和经济发展。1936 年长江洪灾期间，吴国桢曾拨巨款修建堤防工程。近代汉口百年沧桑，深厚的历史底蕴为日后该地区的贸易与经济发展奠定坚实基础。

第二节　近代汉口开埠与贸易增长

一、开埠后的贸易总量增长

汉口开埠后很快由内贸型商业重镇发展成仅次于上海的国际贸易商埠。从 19 世纪末到 20 世纪初，汉口迅速成为连接中国中部与世界的桥梁。最明显、直观的变化是进出口贸易总额和在汉洋行与从业人数的几何级增长。从贸易总额来看，1867—1889 年，汉口进出口贸易总额最高达 6285 万两，平均贸易总额近4000 万两。19 世纪 80 年代末，汉口进口商品总额约 1000 万两，出口商品总额为 2000 万两。到 1896 年，汉口进口商品总额首次超过 2000 万两，1901 年增加

---

① Weyl E. Walter, "The Chicago of China"（《中国芝加哥》），*Harpers*（《哈珀斯》），1918 年，第 716~724 页。

到 3604 万余两，到 1903 年超过 5000 万两。汉口出口商品总额在 1893 年超过 3000 万两，1903 年增至 5570 万余两。

开埠后，在汉洋行数量不断攀升。1892 年，在汉洋行数量为 45 个，从业人数为 374 人。到 1905 年，洋行数量增至 114 个，从业人数增至 2151 人[1]。除此之外，近代汉口进出口货物"从数量到种类极其丰富"（阎志 2017，142）。

二、主要进出口产品增长

汉口开埠后初期阶段，进口商品种类较少，1900 年后进口商品种类明显增多。进出口产品主要为棉、绒、金属及杂货这几类产品。本书第六章将对比详细论述。开埠初期，汉口进口产品较少。据 1864 年江汉关统计报告所示，汉口主要进口产品包括火柴木、衬衣、海带、药材、玻璃窗等。到 1919 年，汉口主要棉绒类进口商品种类包括本色样布、样布被单、锦缎子、织纹锦缎子、晒洋布、天竺布、绫木布、洋锦缎子、花洋布、色洋布、天鹅绒、棉纱、织花锦羽绫等。金属类产品包括锡块、水泥、煤炭、铜块、铁丝、铝块、铁皮等。杂货类产品包括染料、人参、火柴、蛤蜊、石油、胡椒、水泥、铁道材料、铁道枕木、机械、檀香木、苏木、缝针、海带、砂糖、冰糖、精制糖、白砂糖等。进口商品种类主要以杂货类为主，主要是食品和日用百货。其次是棉、绒类衣用类原料。张之洞在汉兴办工厂后，五金类产品进口数量有所增加。

近代汉口出口产品种类同样随开放时间推移而增加。茶叶是汉口最重要的出口商品。汉口茶叶输出占全国出口总量 60%，最高时达 80%。1861 年，即开埠当年，从汉口出口到外国的茶叶达 8 万担[2]，到次年猛增至 21.6 万担，随后逐年增长。1895 年，汉口茶叶出口总额为 1496 万两，1913 年为 1661 万两。汉口茶叶出口细分为红茶、绿茶、茶叶、茶末、茶梗、红、绿砖茶、小京砖茶和木根茶等，进行分类统计。开埠之初，据 1864 年江汉关统计报告来看，汉口还未开通直接出口到国外的航线，而是通过将本地货物输出到上海、镇江、九江、宁波等地转运到国外。到 1919 年，汉口出口产品的种类繁多，出口数量较高的棉绒类产品包括帆布、细帆布、武昌本色市布、武昌本色粗布、武昌棉纱和土布。出

---

[1]　皮明麻：《近代武汉城市史》，中国社会科学出版社 1993 年版，第 127 页。

[2]　明清时期，1 担约为 60 公斤。民国时期，1 担等于 50 公斤。

口数量较高的金属类产品包括铁矿砂、生铁、铁板、工字铁和铁轨。出口数量较高的杂货类产品包括鲜蛋、山羊皮、铁矿砂、豆饼、小麦、药材、芝麻、木杆、生铁等。出口商品种类涉及农、林、畜、副、渔产品、手工业产品及其他各类杂货。在张之洞督鄂之后，汉口工业类出口产品有所增长。从进出口产品种类可以看出，近代汉口主要出口农副业产品和工业原料，主要进口生活用品。

三、主要埠际贸易产品增长

除进出口产品外，汉口与国内其他港口的贸易往来也更加频繁。近代汉口被称为中部的中转站主要因为经汉口转运的商品输往全国各地。1880 年，汉口的转运贸易覆盖湖北、湖南、河南、四川、贵州、陕西、山西和广西诸省。其中，汉口与湖南各口的来往最密切、转运值最大。其次是四川和陕西。湖北境内，汉口的转运贸易覆盖了荆州、武昌、郧阳、襄阳、安陆、汉阳和宜昌。到 1910 年，汉口转运贸易增加了甘肃、江西、安徽和河北。到 1919 年，又新增了云南、福建、吉林和新疆。1919 年，汉口针对转运货物所征收的内地子口税中，占最大比重的省份是陕西、其次是湖北境内和甘肃。

1880 年前，汉口的土货来源主要是长江沿线城镇，包括上海、九江、芜湖、镇江、宜昌和宁波等地。1880—1900 年，汉口土货来源在原有的基础上增加了广州、汕头、温州和南昌等地。到 1910 年，汉口土货来源又增加了天津、福州、厦门、沙市、慈湖、杭州、南昌、长沙、苏州、陈南塘、开州等地。

虽然埠际贸易的商品种类不及进出口贸易的商品种类，但同样品种繁多。1861 年后，从国内各港口进入汉口市场的主要商品是棉和杂货类产品，五金类产品在 1908 年后才开始出现。1864 年从上海运往汉口的主要商品包括纸扇、红糖、白糖、茶叶垫、麻纤维织物、毛笔、眼镜和竹笋等。1890 年，国内其他港口输入汉口的主要货物包括芭蕉扇、纸扇、垫子、红糖、白糖、镜子、麻袋、生棉和红茶等。1890 年与 1864 年相比主要贸易产品变化不大。到 1919 年，主要输入汉口的贸易产品包括纸扇、山羊皮、药材、火砖、麻袋、草垫、牙刷、轻木、焦炭、盐和棉纱等。1919 年较 1890 年主要贸易产品种类有所变化。长期保持主要输入产品地位的分别是纸扇和麻袋。

与埠际贸易中输入汉口的产品相同，从汉口输出到国内其他港口的产品种类自开埠后也有显著增长。1864 年,汉口运往全国各港口的土货主要包括茶叶、毛笔、软木、煤、皮蛋和木油等。其中,茶叶输出达 23 万担。1890 年,汉口主要输出产品包括皮革、纸伞、清漆、绿茶、红茶、麻、药材、甘蔗、石膏等。较 1864 年有较大变化。1919 年,汉口主要输出产品包括鲜蛋、铁矿砂、生铁、黄豆、芝麻、蚕豆、棉花、咸猪肉等。鲜蛋一直是汉口较为稳定的输出产品。从汉口输出到国内其他港口的产品与从汉口出口到其他国家的产品有一定的重复性。但比较产品数量和价值来看,汉口输出到其他港口的产品要远远高于出口产品。随着开埠时间的推移,汉口埠际贸易不仅在产品数量上呈几何增长,其贸易产品种类也不断增多。

第三节　近代汉口开埠与海关发展

一、江汉关的建立与历任税务司

近代各海关机构隶属于总税务司。各关的税务司由总税务司任命并对其负责,主要负责所在地海关的日常事务。近代早期,每一个"关区"由一名外籍税务司和一名中国政府任命的海关监督共同管理。海关监督的职衔虽然名义上高于税务司,但却不参与税收统计。1912 后,税务司取代了海关监督,全盘负责关税征收和监督。1929 年前,海关机构虽然同时雇用外籍和中国雇员,且中国雇员占绝大比重,但高层职位被外籍雇员垄断。1929 年后,中国海关机构不再新增外籍雇员,中国雇员不断增加。1864 年中国海关雇员约为 1400 人,到 1929 年增至 7400 人。

随着汉口对外贸易的迅猛增长,为管理汉口贸易、禁止走私和征收关税等事宜,在湖广总督官文的一再奏请之下,1861 年 11 月 11 日,总理各国事务衙门批准在汉口立关收税。1862 年 1 月 1 日,江汉关正式设立,管理汉口海关事务。从设立江汉关到清末,清政府在长江中下游沿岸各埠和铁路沿线不断增设分关、分卡及子口卡用于征税。江汉关第一任海关监督为湖北分巡道郑兰,第一任江汉关税务司为英国人狄妥玛(Thomas Dick)。除了税务司这一海关最高职位外,还有副税务司和代理副税务司协理海关事务。这些职务同样由外国人担任。从开埠到

近代晚期,历届管理汉口海关事务的江汉关税务司(Commissioner of Customs)如表 3-1 所示:

表 3-1 江汉关历任税务司①

序号	任命年份/任期	人 名	国籍
1	1862 年、1863 年	英国人狄妥玛(T. Dick)	英国
2	1871 年	马福臣(A. Macpherson)	英国
3	1872 年、1873 年	日意格(Prosper Marie Giquel)	法国
4	1874 年	赫政(James Henry Hart)	英国
5	1875 年	那威勇(A. Norion)	法国
6	1877 年、1881 年	惠达(F. W. White)	英国
7	1882 年	葛德立(William Cartwright)	英国
8	1882—1888 年	裴式楷(R. R. Bredon)	不详
9	1889 年	李华达(W. T. Lay)	英国
10	1892—1898 年	穆和德(R. B. Moorhead)	英国
11	1901 年	贺壁礼(A. E. Hippisley)	英国
12	1904—1911 年	苏克敦(A. H. Sugden)	英国
13	1907—1910 年	安格联(Sir F. A. Aglen)	英国
14	1912—1915 年	柯尔乐·卡尔(Francis Augustus Carl)	美国
15	1913—1914 年	戴乐尔(F. E. T. Aylor)	英国
16	1916—1918 年	欧森(J. F. Oiesen)	丹麦
17	1918—1919 年	安文(F. S. Unwin)	英国
18	1919—1920 年	劳达尔(E. G. Lowder)	英国
19	1920—1921 年	葛礼(R. A. Currie)	英国
20	1921—1925 年	梅乐和(F. W. Maze)	英国
21	1925—1927 年	费克森(J. W. H. Ferguson)	荷兰
22	1927—1928 年	草书(R. C. L. d'Anjou)	法国
23	1928—1929 年	溥德乐(H. E. Prettjohn)	英国

① 该表数据整理自《武汉市志——人物志》,武汉大学出版社 1999 年版,http://szfzg. wuhan. gov. cn/book/dfz/book/id/1003. html。

序号	任命年份/任期	人　名	国籍
24	1929 年	贺智兰（R. F. C. Hedgelnd）	不详
25	1932 年	黎霭萌（E. G. Lebas）	英国
26	1935 年	梅维亮（W. R. Myers）	英国
27	1937 年	安斯尔（E. N. Ebsor）	英国

抗战期间由于武汉沦陷，日本人末次晋（S. Suetsugu）于 1942 年任江汉关转口税局主任。虽然历届税务司由不同外国国籍人员担任，但江汉关税务司职位主要由英国人掌控，在一定程度上反映了英国对在华贸易的控制和在中国的势力范围。英国作为汉口的主要对外贸易对象，在开埠初期几乎垄断与汉口的贸易往来。但随着汉口的开放程度不断提高，汉口的贸易对象不断增加，英国所占贸易比率逐渐缩小。

二、江汉关的管理职能

江汉关的设立与运行基本上仿照西方新式海关模式。客观上来看，近代江汉关比其他同期传统海关在管理制度上更显优越性，主要表现为管理范围广、职能划分明确和统计报告翔实等方面。江汉关是湖北省下的地方海关，其主要职能包括征收关税、稽查走私、管理货运、统计海关贸易数据等。除此之外，江汉关还与湖北地方政府合作，维持长江贸易秩序，发展海关检疫、港务、航运、气象、邮政和引水等事业。在江汉关的管理下，汉口由内地商品集散地发展成为内连中部经济腹地、外连国际贸易的大商都，以及中外商品集中贸易的大市场。江汉关对汉口贸易发展具有不可否认的积极作用。

江汉关的税收部门主要负责进出口征税、退税、结关、发布和收纳税单等。据近代江汉关规定，当外籍船只入港时，船长或代理人须提交货物清单和其他相关证书。海关收到报单后，负责管理进口业务的部门将安排货物的核对工作，再通过征税部门审计后得出应缴纳关税额。收到银行的关税支付单后，征税部门才会下达卸货许可，并登记缴税金额。海关官员根据货物分类录入统计表。再录入出口数据后，统计表将会提交给海关总署，供其编造贸易报告和统计。税收的现代化管理有助于当地财政发展。

三、江汉关与交通发展

海关不仅管理水道交通的进出口货物，也负责陆路和航空的进出口货物。江汉关的部分支出用于修建和维护港口、堤坝和长江航道。近代汉口对外贸易与埠际贸易量的增长刺激了长江航运业的发展，以汉口为中心的水路运输网主要分为5条国内商路和3条国际商路。近代汉口的国内水路商道主要分为以下5条：（1）向东至上海的长江中下游沿线地区。这条贸易航线最为发达，航船最多、货流量大。（2）向南至桂林的洞庭湖、湘江及浣江等地区。（3）向西途经沙市、宜昌、重庆、成都到拉萨，以及从重庆至云南大理等长江中上游沿线地区。这条航线涵盖范围最广。（4）向北的航线一是漕运、二是海运。漕运主要通过大运河运往北方地区。但漕运维修成本大，再加上黄河多次改道，使漕运成本不断增加。太平天国动乱时期，自广西到湖南岳州，再到湖北黄冈，太平军所到之处，"粮仓与运船俱废"。随着太平军占领南京、扬州、镇江等地，直接切断了南北漕运通道。漕运逐渐衰落。海运主要先运往长江入海口，再通过海运向北运往山东和京师。（5）向西北经汉水至汉中，经丹江口至西安，再到兰州、宁夏和内蒙古等地区。近代汉口的3条国际商路主要包括：（1）汉口经上海至横滨，到里约热内卢的太平洋航线。（2）汉口经上海至广州、香港，到利物浦的印度洋和大西洋航线。（3）汉口经上海到海参崴和恰克图的北上航线。在1873年中国轮船招商局在上海建立前，外国轮船业一直霸占长江航运的垄断地位。国内航运业在外国航运业不平等的竞争下备受冲击。1874年中国轮船招商局在汉口河街设立汉口分局，兴办湖广地方船运业。不少本土商业轮船公司相继建立，国内轮船运输业取得一定的发展。

除轮船外，其他交通运输工具的迅速发展为对外贸易提供必要条件。汉口陆路交通业的发展主要体现在人力车、马车和公汽的增多、交通公路的扩充以及道路质量的提高。京汉铁路和粤汉铁路的通车更是为汉口对外贸易提供便利的基础条件。水运方面，由汉口通向全国各地的航线多达74条。1936年，汉口的国有、民营航运公司多达276家，可承载轮船411艘，总吨位达13.4万吨。民国中期，武汉航空业兴起。中美合营的中国航空公司开通了汉沪、汉粤和汉宁3条航线。到1934年，武汉航线多达15条。

第四章 近代汉口开埠与贸易组织发展

汉口对外开放后，与外界的贸易交流促使贸易组织形式不断丰富，使位处内陆的汉口摆脱了封闭的传统商品经济，逐渐迈向开放的现代化市场经济。新贸易组织形式、新运营和管理模式随贸易增长而不断发展完善，这些组织的扩大反过来为贸易进步提供基础条件。根据第二章所述的国际贸易理论，工厂数量的增加和聚集提高了生产力，最终可以形成规模经济，市场竞争可以逐渐淘汰生产率低的企业，从而提升整个行业的生产效益。本章主要研究近代汉口贸易组织发展，从一个侧面反映了对外开放所产生的贸易利益。

开埠后，在汉外国贸易组织——洋行、外资工厂和外资金融企业最先发展繁荣起来。在模仿、学习外商和与外商的竞争过程中，本土贸易行业、新式工厂和主要服务于贸易的金融行业逐渐发展成形。汉口商人建立起各种民间贸易合作组织，如行帮、行会、会馆、公所和总商会等。张之洞督鄂时期，建立了政府管理机构——汉口商务局。同时，汉口传统金融机构，如钱庄、票号和账局等，在外国银行的竞争刺激下发生转变，为汉口对外贸易提供更多金融服务。汉口贸易组织的发展还体现在本地商铺、百货商店和专业市场的兴盛。到 1929 年，汉口登记商户达 15192 个，从业人员 7 万余人，资本额达 3427 万银元。随着进口产品的大量涌入，出现一些高度集中的专业商店和大型百货商店，经营国内外商品。这些商品种类繁多，从机械工业产品、手工艺品到农副产品应有尽有。传统的老字号商铺也逐渐转型，开始经营近代化产品。专业化市场，如农副产品专业市场和日常工业品专业市场，迅速发展起来。

第一节　外国贸易组织在汉口的发展

一、洋行

洋行是外国商人在华设立的商业公司，是近代重要的从事出口、入口和转口商品的贸易组织，也是汉口对外贸易组织的主体。洋行即是提供直接销售进口商品的店面，又负责采办和运输出口商品。消费者可在洋行购买到从国外进口的商品。洋行通过"买办"和"行栈"收购本地产品，再运往国外。开埠后到民国前期，占据汉口市场主要比重的是英国洋行。第一次世界大战对在汉洋行造成一定打击，数量有所下降。日本洋行在战后充斥汉口市场，占据较大比重。

不同国家洋行在汉从事的贸易商品各有侧重。英国洋行主要经营茶叶、棉花和纺织品。英国最大的怡和洋行主要经营航运、纺纱、房地产和公共事业，并从事丝绸和茶叶的贸易。俄国洋行在砖茶出口上占垄断地位。同时，俄国的阜昌、顺丰和新泰砖茶厂在贸易规模上也远超其他国家。法国洋行主要经营农产品出口和工业品进口。德国洋行在蛋品、牛羊皮、桐油和五倍子的出口上占较大份额。美国洋行在石油进口上占垄断地位，在百货用品贸易上也占较大比重。美国在汉最大的石油洋行——美孚公司，主要销售煤油、汽油、机油和柴油等。德国在汉最大的日用百货公司是美最时洋行。较晚进入汉口市场的竞争者——日本洋行，主要占据棉纱和食糖的贸易市场，比如，日本在汉最大的洋行——三菱洋行，主要经营食糖、海产品的进口和牛羊皮、猪鬃的出口。

洋行利用充足的资金优势，在汉口开埠后迅速占领当地贸易市场。洋行一方面采购本土原材料，另一方面销售制成品。1860—1911 年，洋行不但从事出口贸易，还将业务扩展到金融、保险、航运及制造业等领域。洋行与本土商行互相竞争又相互依赖。一方面，洋行与本土商行竞争市场占有率、经营范围和贸易利润；另一方面，洋行促进了本土原料和初级制成品的大量出口，外资工厂直接购买本国原料用于生产加工。本土商行学习、仿造进口产品，本土民办和官办工厂引进外国机械和科技，带动自身产业发展。洋行与本土商行之间即有竞争又有合作。

二、外资工厂

外国在汉开设的新型工厂大幅提高了当地的产品生产率。开埠初期，在汉口开设的外资工厂是原料加工厂。这些工厂主要收购廉价的原材料，进行加工、包装后，运输销往国外。据统计①，在张之洞督鄂前，外商在汉口开办的原料加工厂有 11 个。由于汉口是近代重要的茶叶集散地，湖南、湖北、江西、安徽、四川等省的茶叶在此汇集、销售和出口，因此，外资茶叶加工厂最先在汉口落成。以湖北和邻近地区出产的鸡鸭蛋为原料，德商最早在汉口创办了蛋厂。这是全国最早建立的蛋品加工厂，出口量一度占全国比重 50% 以上。

20 世纪初期，特别是民国时期，各国加速在华资本投入，在汉外资工厂一度达 43 家。随着汉口工业的发展，其结构有所调整。制茶工业和冶炼洗矿业相继衰落，其他轻工业有所发展。外资工厂主要涉及以下工业：机器修理业，电力工业，冶炼、洗矿业，建筑、建材业，蛋品业，茶叶加工业，面粉业，制酒业，榨油业，制烟业，澄油业，净皮、制革业，芝麻加工业，石油加工业，打包业，纺织、染织业，肥皂业，玻璃业，西药业，汽水、制冰业，印刷业，造纸业，食品业。1900 年后，汉口最大的外资工厂是英美商人合资创办了英美烟公司六合路制烟厂和研口制烟厂。两厂共有制烟机器设备 97 台，职工近 3000 人，月产烟 1 万多箱。

工厂和工业的发展吸引了更多来汉务工人员，工人数量随之增多。据统计②，1894 年，外商工厂工人共计有 1 万余人。洋务运动兴起后，官办的汉阳兵工厂、汉阳铁厂、织布官局和纺纱官局工厂共有工人 11550 人。截至 1920 年，在汉工人数量达到 5.7 万人。人口的增加扩大了本地市场需求，专业技术人员的增加为工业发展提供劳动力资源，这些都有利于贸易发展。

三、外资银行

外商在汉设立的新金融机构银行的发展为当地贸易发展提供资金支持。由于

---

① 陈均、任放：《世纪末的兴衰》，中国文史出版社 1991 年版，第 168 页。
② 具体参见《武汉市志——工业志（上）》概述部分，http://szfzg.wuhan.gov.cn/book/dfz/book/id/1003.html。

商贸的发展，汉口经济发展对资金的巨大需求促进了借贷资本的活跃发展。汉口与上海、天津、广州并为全国四大金融市场，业务量仅次于上海，是内地金融网络的中心。

最早在汉开设的银行是英国麦加利银行，1863年在汉口开设分行。1866年英国汇丰银行在汉口设立分行，时间上仅晚于香港和上海。汇丰银行在汉享有发钞权，还负责管理江汉关关税金库，业务繁盛。抗战时期，汇丰银行提供的贷款促进了法币改革的成功。其他陆续进入汉口的银行包括法国东方汇理银行、英国渣打银行、美国花旗银行、中法实业银行和日本横滨正金银行等。近代先后有八个国家在汉口开设20余家银行。外国银行在汉从事的主要业务包括存款业务、借贷、汇兑和发行少量纸币。这些银行不但为长江中上游地区提供金融服务，也在全国具有重要影响。

在这些外资银行的强大竞争实力面前，本地传统金融机构逐渐失去市场。不少地方财团设立的钱庄依附于外国银行资本与买办资本发展起来，到1922年在汉钱庄180余家。外国银行的引入加速了旧金融机构的淘汰和新金融机构的诞生，新型金融机构能更好地为资本市场和贸易市场服务。

第二节　近代汉口本土贸易组织的崛起

一、民间性质的贸易组织

近代汉口民间贸易组织主要包括：行帮与客商、会馆与公所以及部分金融机构。行帮是近代汉口主要的民间贸易组织。明清时期，同行业的商人和手工业者互相合作，形成了不同行业内的小团体，被称为"帮口"。"八大行"代指汉口主要贸易行业，实际贸易行业远超八个，后泛指汉口所有贸易行业。汉口开埠后，主要贸易行业发生改变。来汉经商的客商按不同地域，分为不同省帮。不同客商行帮主要经营的贸易业务有所不同。这些传统的地域性商业行帮组织在张之洞督鄂期间转变成同业公会。

由于汉口的外地商贾云集，会馆与公所应运而生。这些会馆和公所为汉口贸易发展作出的主要贡献在于：统一不同行业的度量标准，制定章程对贸易过程加以规范，提高市场交易诚信度与便利性，调节同行利益矛盾，避免恶性竞争和保护本土商人利益，共同抵御外商不平等竞争等。清末，在汉商业会馆达 176 所，占全省总数近半，商行近 140 个，商户 7000 余所。

清末，在汉钱庄 140 余家，票号 18 家，典当 20 余家①。近代钱庄大多为独资或合伙组织，可办理存款和贷款业务、发庄票、银钱票和凭票兑换货币。票号大多为山西商人所开，有合资、独资之分，资本额通常较钱庄大。典当多为独资经营，资本较小。典当以财物作质押，有偿有期借贷融资，本质是高利贷资本活动。这些传统金融机构在国内银行发展起来前充当了过渡者的角色，只能为本地商贸提供了极为有限的资金支持。

二、官方性质的贸易组织

近代汉口成立的官方贸易组织主要包括商务局、总商会、商民协会、商会、同业公会、官银号和银行。汉口商务局设于 1898 年，主要管理汉口中外商务事务②。汉口商务局的主要职责旨在维护市场秩序：（1）惩罚商业欺诈行为；（2）整治市场拖欠，维护商民利益；（3）整顿运输秩序，保障商货运输的顺利进行；（4）防止中国商号出钱串挂洋商牌号，偷逃税款。

民国初期，汉口商务总会于 1916 年改组为汉口总商会。汉口总商会的宗旨是"开通商智、协和商情、发达商业"。商会的总理、协理等都是当地的资深商人。汉口总商会自建立后不断发展成熟，具有一定影响力。商会的主要贡献在于两个方面：一是起到了开通商智、协调商情和发展商业的目的；二是凝集本土商人力量，加强市场管理，使汉口贸易更加有序进行。1931 年，汉口总商会改组为汉口市商会。

第一次国内革命战争时期，为保护中小商人利益，武汉政府于 1926 年成立汉口特别市商民协会，负责调整、解决工商业户之间的劳资矛盾与纠纷，会员 2 万余人。

1929 年，国民政府对公所、行会和会馆进行管理，依《工商同业公会法》

---

① 参见《武汉市志——金融志》概述部分，http：//szfzg.wuhan.gov.cn/book/dfz/bookread/id/1045/category_id/393438.html。
② 1895 年张之洞上奏，请求在各省设立商务局："令就各项商务悉举董事，随时会议，专取便商利民之举，酌济轻重，官为疏导之。"

改组为同业公会。截至 1932 年，汉口工商同业公会共有 126 所，到 1935 年增至 163 所。同业公会的主要作用包括制定各业行规、提供商业资讯、调解营业争执、监督参与会员完成营业指标、维护价格稳定、改善会员经营作风、反映会员意见等。

清末时期，有些地方政府创办了充当部分银行职能的官银号。官银号负责出纳政府之两银，承办海关税，拥有较高信用度，对商人的资金资助可达 300 万两①。

1897 年，中国通商银行设立汉口分行。但由于华资银行建立时间较晚且实力薄弱，其职能和业务范围较为有限。本地工商业仍面临融资难题。清末，在汉华资银行有 8 家，到民国中期增至 29 家。这其中有两家是总行，其余皆为分行。

三、新式工厂

近代汉口建立的新式工厂即有官办也有民办。汉口开埠以后，外资工厂最先设立，新式工厂拥有的手工业无法匹敌的生产力和其生产的新颖产品几乎垄断当地市场。本地消费者所接触到的商品从衣着、五金、食品到日用百货都是进口产品。在这样的情况下，为了与外资工厂竞争，官办工业最先发展起来。

（一）官办工厂

由于张之洞的督鄂，晚清汉口成为洋务运动的重要基地。张之洞设立的商业总局和商务局为官办工商业提供政策支持。

清末，比较著名的官办工厂有湖北织布局、汉阳铁厂和白沙洲造纸厂。（1）1890 年，张之洞设立湖北织布局，使用英国进口纺织机器。织布局生产的主要产品包括原色布、斜纹布和花布等，畅销周边各省，与进口产品形成竞争。在织布局取得一定成效后，张之洞又创建了纺织局、缫丝局和制麻局，合称"湖北纺织四局"。（2）张之洞创建的汉阳铁厂是近代汉口最大的重工业工厂。该厂为国内铁路建设提供钢铁。值得指出的是，张之洞主张以轻养重，纺织四局的盈利主要用于投资铁厂建设。随后，湖北炼铁厂和湖北枪炮厂相继建成。（3）清末民初

---

① 参见《武汉市志——金融志》概述部分，http://szfzg.wuhan.gov.cn/book/dfz/bookread/id/1045/category_id/393438.html。

时期，全国最大的官营纸厂是白沙洲造纸厂，该厂设备引进自比利时，日产 3.5 吨纸，主要产品包括新闻纸、印书纸、连史纸、毛边纸。

到 1936 年前，在汉官办工业企业共 45 家①。本土官办工业发展具有一定规模。湖北省最早的工业用电、化学工业、机制砖瓦、铁钉等生产厂家，都始于清末的官办工厂。

（二）民营工厂

官办工业的崛起带动民营工业发展。从汉口开埠到辛亥革命的近 50 年间，各类民营工厂增至 120 家。汉口民营工厂的地位仅次于上海位居全国第二。开埠初期，由于农副产品出口加工的需求增加，牛皮、猪鬃、肠衣等新式手工加工工业最先发展起来。民国期间，民营工厂加快发展。一些受洋行雇佣的买办中间商人在贸易经商中成为逐渐巨富，他们通过创办工业工厂为汉口实业发展作出贡献，如 1905 年阮雯衷在汉口创办的同丰榨油厂，1906 年张群叔在汉口创办的久丰榨油厂，1907 年凌盛禧在汉口创办的允丰榨油厂，1907 年刘歆生在汉口玉带门外创办的歆生榨油厂和 1907 年吕端璜在汉口创办的兴盛豆饼制造所和华昌豆饼制造所等。这些实业家在汉口投资，开办了纺织厂、面粉厂、肥皂厂、火柴厂、油厂、烟厂等，为本地消费者提供了种类齐全的日常百货用品。

到 1925 年前后，在汉民营工业企业 600 余家，遍布 20 多个行业。汉民营工业工厂可主要分为以下几类：（1）机器工业。比较有名的机器工厂是 1904 年建成的周恒顺机器厂和 1907 年建成的扬子机器厂。其他包括冠昌、吕方记、公记、针记袜机厂等。（2）粮油加工业。1919 年建立的福新第五面粉厂为当时中南地区最大的面粉厂。（3）化学工业。主要包括火柴、烛、皂工业工厂，如曹祥泰、汉昌（烛皂）、太平洋肥皂厂。（4）蛋品业。早期蛋品业被外资工厂垄断。民国初期陆续建立民营蛋品工厂，如华发蛋厂和中华制蛋公司。这些蛋厂不仅打破了外资垄断，其业务范围还涉及周边各省。（5）皮革业。民国初期建立的新式制革作坊 30 多家，其中规模较大的有华胜呢绒军服皮件号、第一制革厂和天胜制革厂。（6）水电业。民营的既济水电公司是清末建立的规模最大的水电厂。到了民

---

① 具体参加《武汉市志——工业志（上）》，"抗日战争前的其他工业"，http：//szfzg. wuhan. gov. cn/book/dfz/book/id/1003. html。

国时期，建立了武昌电灯公司、汉阳电气公司和汉阳民营电厂。（7）砖瓦业。主要民营砖瓦厂有阜成、华兴、富源。这些工厂逐步采用蒸汽机为动力的机器制砖，为当地基础设施建设提供建筑材料。（8）印刷业。民国前期在汉印刷厂有数十家，其中最大的印刷厂是中华印书馆。

第三节　中外合作贸易组织在汉口的发展

中外合资企业的出现是近代对外开放程度扩大的又一显著标石。本章第一节所述的外国贸易组织在汉发展反映了带有殖民主义性质（单方面绝大程度优惠条约下）的外国直接和间接投资带来的效应，包括资本溢出、知识、技术和企业管理经验溢出，第二节所述的本地贸易组织发展反映了进口替代效应和模仿学习效应（"后发优势"），本节所述的中外合作贸易组织则在一定程度上反映了更具现代化的资本合作贸易模式。

一、买办商人

伴随外国贸易组织而产生的一类中间商人，称为"买办"，他们在中外合作贸易中扮演了重要的角色。买办帮助西方与中国进行双边贸易，其主要职能是帮助洋行收购土货。一部分商人通过从事买办积累起财富，形成买办阶级。他们中不少人从事买办的同时，还投资钱庄和商业，在各个通商口岸的丝茶、洋货、钱庄以及船运等许多领域拥有庞大势力，有些遂成为巨商。唐廷枢、徐润、郑观应和席正甫被称为晚清"四大买办"。汉口著名的"大买办"刘歆生通过在发展实业成为地产巨享①。刘歆生让基筑路、大兴土木为汉口商贸发展提供基础设施建设。随着买办权力的扩大，买办的地位及与外商的雇佣关系也发生变化，逐渐成为外商经济活动中的"合作者"，可承担洋行全部购销的任务。

二、合资工厂

工业革命促成了资本能更自由流动市场的出现，各种新商贸模式随之成形。

---

① 刘歆生通过从事东方汇理银行买办积累财富后创办阜昌钱庄，同时投资经营许多工商企业，获取大量利润。在汉口租界建立后，他购买大量汉口土地，并将地皮售卖、租聘给汉口工商界人士。至今，汉口商业街仍保留了以他命名的"歆生路"。

这些商贸模式随着汉口港的开放而进入中国中部地区，并被汉口的商人、政府官员和有影响力的知识分子引进和推广。Cochran（1980；2000）曾指出，条约港口是一个复杂的、竞争与协作相互作用、中外商贸易利益汇集的经济部门。它的创建主要是为了市场、竞争和贸易增长。20 世纪初，企业模式植入中国商业界，联结了传统中国经济网络和西方公司模式。近代时期开办的中外合资工厂企业主要涉及的行业从农副产品和原料的出口加工厂到轻工业产品生产工厂，主要包括茶叶、纸烟生产、肉禽蛋加工、皮革、棉花、苎麻、食品加工和面粉厂等。

三、合资金融机构

在汉口与贸易紧密联系的中外合资的组织主要包括银行等金融机构和保险公司。这些中外合资银行进入国内市场后迅速发展扩大，在主要贸易港口的租界区开设分行，为外国间接投资提供必要条件。这一时期，对华间接投资最活跃的银行是汇丰银行与华俄道胜银行①。民国时期建立的两大著名的储蓄会，一是 1912 年法国人在上海创办的万国储蓄会（在汉口设有分会），二是中法储蓄会。1918 年，中法储蓄会在天津创办，是中法合资企业。1919 年，中法储蓄会汉口分会成立。中法储蓄会与银行的功能不同，它吸收储户存款，却不放存款贷。中法储蓄会通过每月发放的巨额奖金和储存期满后的返还本利的政策吸引了大量的储户和散客。保险制度早在鸦片战争之前就传入中国。英国人最早在香港设立了保安保险公司。洋务运动期间，清朝官僚设立的招商局创立了上海"仁和"保险公司，经营水火保险业务，开创了中国民族保险业的先河。随后，中外合资的保险公司也逐渐产生。1905 年设立于上海中外合资的永庆保险公司，在汉口开设分店。保险业务则涉及工商、财产、人寿、运输等险种，为贸易发展提供一定的风险保障。

---

① 杨德才：《近代外国在华投资：规模与效应分析》，载《经济学（季刊）》2007 年第 6 卷第 3 期。

第五章　近代汉口进口、转口和
出口贸易发展

　　根据第二章所述国际贸易理论，开放型贸易带来的最显著的效应之一是贸易扩大，增加本地市场的国际吸引力。贸易扩大不仅意味着进出口商品数量和价值的增长，还可能会促进国内贸易的增长。本章将主要分析近代汉口开埠后，进出口贸易和转口贸易的发展。作为早期开放的港口，汉口的贸易扩大是否带动了国内整体贸易的发展也将是本章探讨的内容。

第一节　资料与数据说明

一、近代海关统计报告

　　本书数据主要来源于中国第二历史档案馆（该馆藏有 55000 余件中国海关档案）、中国海关总署办公厅合作整理出版的《中国旧海关史料：1859—1948》（京华出版社 2001 年版）。该资料共计 170 册①。该书按年度编排，前期部分为

---

　　① 收录了 1859—1948 年中国旧海关各分关、海关总税务司和经济部所编辑的年度《进出口贸易报告》《贸易统计报告》《中国各条约口岸贸易统计报告》《根据条约向国外开放贸易各中国口岸贸易统计报告》《各口岸贸易统计报告》《各口岸统计报告和调查报告》《通商各关华洋贸易贸易总册》《贸易统计报告和调查报告》《通商各关华洋贸易论略》《通商各关华洋贸易全年清（总）册》《通商海关华洋贸易总册》《海关中外贸易统计年刊》《最近十年各埠海关报告》等。其中，年报包括《口岸贸易统计年册（1859—1881）》《条约口岸贸易报告（1864—1881）》《年度贸易册和贸易报告（1882—1919）》《通商各关华洋贸易总册（1875—1919）》等。

英文，后期开始有中英合璧①。

随着近代海关的发展，海关的分布越来越广，由 19 世纪 60 年代的 14 个海关口增至 20 世纪 30 年代日本侵华前的 40 余个。该书内容涉及 25 个省份的 60 余个港埠，从东北角的阿穆尔河到西南的中缅边界，包括北方沿海、长江和华南沿海的各地关卡。该资料数据之全为研究中国近代贸易发展提供珍贵史料。

该书按年度编排，前期部分为英文，后期开始有中英合璧。中国旧海关统计初期，年度报告分为两种：一是年度统计报表（Annual Returns），英文刊名为"Returns of Trade at the Treaty Ports"；二是年度贸易报告（Trade Reports），英文刊名为"Reports on Trade at the Treaty Ports"。中文版年报一般分为上下两册，上册名为《（某）年通商各口华洋贸易情形总论》，由造册处税务司撰写，下册名为《（某）年各口华洋贸易情形论略》，汇集了各关税务司的年报。1912 年之前英文本和中文本是分开出版的，1913 年开始出现中英合璧版本。1925—1930 年，改版为《中华民国（某）年通商各口华洋贸易统计报告书》，英文版为"Report on Trade of China"。1931—1949 年，改名为《中华民国（某）年中外贸易统计年刊》，英文版名为"The Trade of China"。

从 1890 年开始，总税务司要求各关税务司撰写"十年报告"（Decennial Reports）。总税务司赫德（Robert Hart，1835—1911）希望每个港口的税务司各自准备年报，收集当地原始信息和个人对本地贸易发展的观察，这些内容包括：当地政治、军事、交通、服务、公共事业、工业企业、农业收成和气候变化等第一手信息。"十年报告"会汇总这些信息并对重要历史事件作概述。因此，不同地区报告中的信息内容和质量会有较大差别。"十年报告"共有五期，包括五个阶段：1882—1891 年、1892—1901 年、1902—1911 年、1912—1921

---

① 中国旧海关统计初期，年度报告分为两种：一是年度统计报表（Annual Returns），英文刊名为"Returns of Trade at the Treaty Ports"；二是年度贸易报告（Trade Reports），英文刊名为"Reports on Trade at the Treaty Ports"。中文版年报一般分为上下两册，上册名为《（某）年通商各口华洋贸易情形总论》，由造册处税务司撰写，下册名为《（某）年各口华洋贸易情形论略》，汇集了各关税务司的年报。1912 年之前英文本和中文本是分开出版的，1913 年开始出现中英合璧版本。1925—1930 年，改版为《中华民国（某）年通商各口华洋贸易统计报告书》，英文版为"Report on Trade of China"。1931—1949 年，改名为《中华民国（某）年中外贸易统计年刊》，英文版名为"The Trade of China"。

年、1922—1931 年。所有各关的"十年报告"最终汇总于《最近十年各埠海关报告》①。

由于近代海关自建立后所管辖的业务范围越来越广，贸易数据较丰富，详细记载了不同年份、关口、国别的进出口和转口贸易，各关进出口货物数量、货值、税收类别和（金银）货币流动，每年各国进出各关的船只数量和吨位，在华外籍人口和移民情况，各时期币值、厘金变化和赔款偿还数额。该书还涵盖了各海关记载的地方史，是包罗万象且内容极其丰富的资料。

二、近代海关主要统计内容及变化

关于进口贸易的统计主要包含以下内容。外国进口产品的条目包括：进口总值、复出口、进口净值和进口来源地。关于计量单位，不同货物的统计单位存在区别。近代海关主要计量单位包括：担（Peculs，100 斤）、磅（Pound，60.48 千克）、个（Pieces）、打（Dozens）、双（Pairs）、价值（Value，以海关两为价值单位）、英丝（Mill）、罗（Gross，144 个）、平方英尺（Square Feet）、盒（Box）、加仑（Gallon）、码（Yard）、吨（Ton）、斤（Catty）、令（Ream）等。其中，使用最多的计量单位是"担"。在 1860 年标准化计量单位前，不同商品的计量"两"存在差异。1934 年后改"担"为"公担"。1 公担相当于 1.653 担、等于 100 千克。

近代海关的价值单位统一采用海关创立的"海关两"（Haikwan Tael，简写为 Hk. Tls.），各港口针对海关两制定和本地货币的兑换率。鉴于近代中国采用银本位制，和金本位制国家货币的换算存在严重的贬值问题。1933 年国民政府"废两改圆"，到 1935 年发行"法币"，在国内贸易统计中采用了新币的价值单位，但在进口统计中仍保持海关两的价值单位。海关两约为 583.2 克纯银，仅供 1875—1932 年海关统计和税收缴纳使用，并不实际流通。1930 年引入海关金，

① 2009 年由中国海关出版社出版，名为《五十年各埠海关报告（1882—1931）》（共 10 册）。第一期"十年报告"名为"Decennial Report's on the Ports Open to Foreign Commerce in China and Corea and on the Condition and Development of the Treaty Port Provinces"。其二期改名为"Decennial Reports on the Trade, Navigation, Industries, etc., of the Ports Open to Foreign Commerce, and on the Condition and Development of the Treaty Port Provinces"。后面三期名称中去掉了"Navigation"一词。

为 1932—1940 年外国进口统计单位。1932 年海关金约为 60.2 厘克纯金，100 海关金兑换 118.4 海关两。发行法币后，法币运用于 1933—1947 年出口和国内贸易，以及 1946—1947 年进口贸易。

关于统计格式和报告方式的变动主要有以下几点需要说明。虽然近代海关在 1867—1868 年确立了基本的标准格式，但随着时间推移，海关报告不断进行细微修订。1905 年加入"国外贸易分析"部分。1920—1922 年和 1932 年分别完成两次大规模标准重制。海关统计的货物主要按来源地和输出地来划分：按来源地分为洋货和土货；按输出地分为出口和国内贸易。由于当时香港和澳门受英国殖民统治，所以近代海关于 1865 年将香港纳入"外国"统计。无论是过境还是以香港为输出地，都按全税征收。但从香港的进出口货物统计则摇摆不定：有时被单独列出，既不属于国内贸易也不属于国际贸易；有时则被列入外国；有时被列入"香港与沿海港口"条目之下。

近代海关报告统计中的"进口"产品指直接进口产品。比如上海从英国进口的标布，复运往汉口，则被记录为从上海进入中国。因此，汉口的直接进口商品量要远远小于上海的直接进口。汉口绝大多数外国进口属于间接进口商品。近代汉口进口贸易的度量值主要分为进口总值和进口净值。进口总值指某一时期所有进口商品的价值总额。进口净值等于某一时期进口商品的总额减去复出口商品的总额。

三、近代海关统计的不足

虽然该贸易数据十分丰富，但也具有不连续性。由于中国海关管理范围、贸易统计方法和海关出版物的不断变化，对数据的连续性有直观影响，这将会导致数据利用的不便利性。这些不同的系列对数据利用产生极大的不便利性。

（一）中国海关管理范围变化

对于地区贸易统计来说，新海关的建立会影响其他海关地区管理范围。比如，长江上游开辟了新港口，其下游地区的贸易会分流到新港口，下游地区的贸易记录将会减少。同时，还有历史层面的影响，比如日本侵华后占领了部分东北地区，伪满洲国的贸易不再属于国内贸易，因此会导致统计上出现外国进口贸易增加的情况。最后，还有统计划分的调整也会影响数据的连续性，比如 1873 年前统计的外籍贸易轮船是指经过 14 个条约口岸的数量，1873 年后的统计增加到所有西式轮船。

（二）贸易统计方法变化

随着开放商埠和贸易产品的增加，贸易商品的组成和划分不可避免地经常进行调整，会不断出现新条目和类别。例如鸦片最早出现在杂货类，后被单独划为一类。茶叶被从一个目录移到另一个目录，这就产生了数据的不连续。由于当时通信的落后，不同港口甚至会采用不同分类方式，没有统一规范。另外，还会出现某一种产品在某一年份前是合计数量与总价，但某一年份后细分为低一级的子类。比如标布（t-cloth）在 1864 年统计为一个品种，在 1919 年细分为：32 英寸英国标布、32 英寸日本标布、36 英寸英国标布、36 英寸日本标布等。由此可见，商品种类的类别与划分随着时间不断演化。

（三）海关出版物变化

最明显的就是不同系列的统计报告，统计的时间范围和统计内容不一样。比如《进出口贸易统计》的涵盖范围是 1859—1866 年，《贸易统计》的范围是 1868—1881 年，《贸易统计和贸易报告》的范围是 1882—1919 年，《贸易季报》的范围是 1920—1931 年，《中国贸易》的范围是 1932—1941 年和 1946—1948 年。另外，"十年报告"是 1882—1891 年和 1922—1931 年，《中国国际贸易月报》始自于 1932，《常关贸易报告》是 1902—1906 年。

中国海关编制的出版物高达 400 种，并涵盖了丰富的地方史资料。各口岸的贸易数据，不仅反映了当地贸易和税收发展，更直接反映了当地整体经济活动、人民生活水平和时代潮流变化。在清楚了解近代海关的统计功能与缺陷后，能进一步做好数据整理与分析工作。近代汉口贸易的数据主要来源于江汉关海关的统计数据。《中国旧海关史料：1859—1948》中收集了较全面的江汉关数据。虽然从 1864 年开始有汉口贸易统计后海关报告存在大量格式调整和修订，但总体而言数据较为连贯，只有少量年份的数据缺失，具有较强的可分析性。

第二节　近代汉口进口贸易发展

一、进口净值发展变化

近代汉口自 1861 年开埠以来，进口贸易从无到有，在近代时期不断增长，实现了飞跃式发展。从 1864 年近代海关开始统计汉口进口贸易到 1930 年的 67 年间，汉口进口净值的增长客观反映了汉口进口的扩大。67 年间，汉口进口净值最低的年份为 1864 年的 581 万海关银（tael），最高进口净值年份为 1924 年的 8231 万海关银。1924 年较 1864 年，汉口进口净值增长了 14.16 倍，年均增长率约为 4.5%。图 5-1 具体表示了从 1864—1930 年，汉口进口净值的增长变化。

根据近代汉口进口净值的增长变化，可以将 1864—1930 年阶段分为四个时期。第一个是开埠后的快速增长时期。从 1864—1866 年刚开埠的几年内，虽然近代汉口年度进口净值较小，但增长速度迅猛，从 581 万两增长到 1194 万两，三年内进口净值增长了 2 倍，年均增长率为 43.4%。由此可见，开埠对汉口进口贸易扩大具有积极的影响效果。第二个是缓慢发展时期。从 1867—1894 年，近代汉口进口贸易进入平稳发展时期。从 1867 年的 1030 万两到 1894 年的 1099 万两，年均增长率为 0.2%，基本保持在 1000 万两左右水平。第三个是较大涨幅时期。从 1895—1924 年，近代汉口开埠的 30 多年后，进口净值增长幅度较大。从 1895 年的 1316 万两增长至 1924 年的 8231 万两，进口净值翻了 6.25 倍，年均增长率为 6.5%。第四个是波动下滑时期。1925—1930 年，近代汉口进口净值呈下滑趋势。从 1925 年的 6937 万两跌至 1930 年的 5592 万两，年均增长率为-4.2%。其间，1927 年跌至 3423 万两，是 1903 年以来的最低值。该年进口净值的跳水式下降主要受政治因素影响，本节后面会具体论述。

二、不同时期进口净值的变化特点及原因

近代汉口不同时期的进口净值变化与其历史背景紧密联系。第一个时期（1861—1866 年）汉口进口净值快速增长，主要因为 1861 年汉口开埠后大量进口货物从上海港转运到汉口。1864—1866 年，上海进口净值呈下降趋势，从

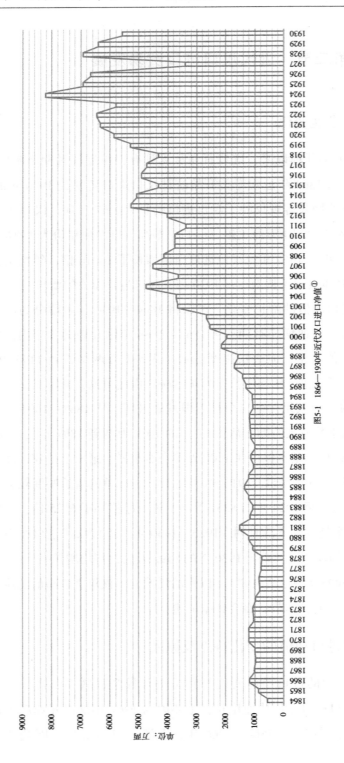

图5-1　1864—1930年近代汉口进口净值①

① 该进口净值为中国海关贸易统计数据中，汉口直接进口值与间接进口值之和，减去汉口转运值。

1422 万两降至 1147 万两，但转运值却由 1969 万两升至 3554 万两。汉口进口净值甚至在 1866 年超过上海进口净值 46 万两。开埠后，汉口迅速成为长江流域和中部地区的重要进口港。

第二个时期（1867—1894 年）汉口进口贸易发展缓慢，主要因为到 1894 年甲午战争前，虽然受帝国主义侵略战争和国内战乱的影响，但清政府依然维持了对全国的统治，并在一定程度上抑制了对外贸易发展的速度。汉口的进口贸易在打开门户后的最初几年内快速增长至当时市场的饱和值，并在开埠后的 30 年内保持平稳水平。但甲午战争后，中国的门户再次被进一步打开，新增的内地港口扩大了长江流域贸易流量。虽然这一时期汉口进口净值增长缓慢，但转口贸易却有所增长，这主要是因为汉口上游新增了两处口岸，分别是 1878 年开始有贸易统计的宜昌和 1891 开始有贸易统计的重庆两港。

第三个时期（1895—1924 年）汉口进口净值增长幅度较显著，追溯其快速增长的原因除了受国内整体社会环境影响，还有汉口内部自身发展的原因。19 世纪晚期到 20 世纪初期，清政府的统治日益衰退，中央集权被削弱，地方的自治权增强。洋务派领袖人物张之洞于 1894 年督鄂后实施了一系列有利于对贸易发展的措施，包括创办新式学堂、扶持地方工业、开办各类重轻工业工厂、筹办芦汉铁路、排除水患、支持地方企业家建设城市水电、赎回粤汉铁路和开办川汉、汉粤铁路局等。其中，知名的重工业工厂——汉阳铁厂属于钢铁联合企业，拥有炼钢厂、炼铁厂、铸铁厂大小工厂 10 个、炼炉 2 座、3000 名工人和 1000 名采煤工人。汉阳铁厂是近代中国第一个大规模使用机器生产的钢铁工厂，也是当时全亚洲最大的钢铁厂，建设早于日本的钢铁厂。张之洞创办的轻工业工厂——湖北织布局，同样大规模使用机器生产，拥有纱锭 3 万枚、织布机 1000 张和 2000 名工人。由于地方领导人实施了有利于经济发展的贸易政策，汉口进口贸易有了实质性的跨越增长。在督鄂期间，张之洞力推行的经济和贸易发展的改革政策，使湖北成为洋务运动的中心（唐浩明，2011）。经济的发展为先进的思想和社会风气提供了必要的物质基础，为之后推翻清政府的统治奠定了基础。1911 年前后汉口进口净值有明显下滑，原因之一是 1910 年湖北发生水灾。根据海关纪录，当年灾民有 60 万人。原因之二是 1911 年爆发的武昌起义，受政治运动影响，贸易有所下降。1911 年后，起义军消灭了大量清军有生力量，并成立湖北军政府，掌控武汉三镇，改国号为中华民国。受武昌起义胜利的影响，同年先后有 15 个省响应辛亥革命，宣布脱离清政府。摆脱清政府统治后，汉口的对外贸易进一步开放，进口贸易增长显著。

　　第四个时期（1925—1930 年）汉口进口净值波动下滑，一方面受世界经济大萧条的影响，另一方面受国内政治因素影响。20 世纪 20 年代的世界经济大萧条对整个中国产生巨大的影响，尤其是对通商口岸经济，因为通商口岸的国际化程度更高，进出口贸易受严重打击，但港口贸易仍起到了支撑经济发展的作用。Marie-Claire Bergère（1989）指出，在 1921—1923 年的战后经济大萧条，中国对外贸易出现下滑，但集中于通商口岸的现代工业仍在资本投资和产出方面继续扩张。Ramon Myers（1989）的研究证明，1931—1936 年中国国内贸易的不断扩大对整体对外贸易的下滑起到了支撑作用。虽然农业年增长率减少了 0.02%，但主要集中于通商口岸的制造业和服务业，其年增长率却分别增加了 2.11% 和 1.55%。在经济大萧条、白银大量外流和物价大幅下跌的负面影响下，通商口岸经济仍使中国 GDP 增长率保持在 1.55% 的水平。这表明通商口岸经济在抵御国际市场波动上具有弹性和适应性。1927 年汉口进口贸易出现大跳水，主要受国内政治运动影响。1927 年 1 月，广州的国民政府迁到武汉。随后，汉口爆发反英浪潮，中国正式收回汉口英租界。英国作为汉口主要进口国，在失去对租界的管辖权后，其在汉工厂、洋行和移民都受到一定程度的影响。因此，该年汉口进口贸易出现大幅度下滑。同年，南京政府决定先从废除协定关税入手。在修约的新时期中，国明政府与各国谈判，收回了更多租界和关税自主权，废除了领事裁判权，并实施了一系列保护关税的政策。保护关税的政策对于当时的中国财政起到了积极作用，但无可避免地影响了进口贸易。因此，这一时期的汉口净进口贸易整体呈下滑趋势。1931 年，日本在东北发动"九·一八"事变。受侵略战争的影响，税务司撰写的"十年报告"（Decennial Reports）至 1931 年正式结束。

　　结合历史原因分析近代汉口进口净值增长可以明显看出，近代汉口第一次贸易腾飞发生在开埠后，进口贸易从无到有发生了巨大改变。但由于被迫开户，进口总额的增长率只在刚开埠的几年内有较为显著的提高，其后便陷入了基本停滞的状态，这种增长缓慢的情况维持了 30 年。一方面外国商人在开埠后迅速打开了汉口贸易市场，另一方面由于被动打开市场，激起了本地的反抗情绪，对于市场的进一步发展产生了一定阻碍，这种阻力来自当地政府、民间商界和普通消费者。同时，消费者需要时间接受和适应新产品，消费力也受居民经济水平的影响。另外，由于外货受销售地点的限制，使得外货并不能像国货那样自由流通。除却这些原因之外，令进口贸易增长缓慢的重要因素之一是自鸦片战争之后战乱不断，外国的侵略战争和国内的暴乱运动严重影响经济的正常运行。贸易发展在战火中艰难进行，因此增长缓慢。近代汉口第二次贸易腾飞发生在 1895 年后，这主要是受张之洞督鄂的影响。因为这次本土方面主动采取了积极的开放政策，所以贸易增长的速度要明显高于第一次。由此可见，受外力影响的开放和主动积极的开放存在巨大区别。

第三节 近代汉口转口贸易发展

一、转口贸易发展变化

近代汉口的进口扩大不仅反映在进口净值的增长上，还反映在转口贸易的增长上。分析汉口转口贸易变化可以看出汉口在长江流域承担中转港口作用的重要性。1864 年，汉口转运值仅为 3 万两，到 1919 年增长到 1130 万两，扩大了 377 倍，56 年间年增长率为 11.4%。1864 年汉口转运值仅占总进口值的 0.5%，到 1919 年增至总进口值的 17.6%。图 5-2 具体表示了 1864—1919 年汉口进口净值（net import）和转运值（re-export）。由图 5-2 可见，汉口转运值变化趋势基本与进口总值一致。

二、不同阶段的发展变化

汉口转运贸易发展可主要分为三个阶段：

第一个阶段（1864—1877 年）汉口转运贸易发展不显著。从 1864 年的 3 万两，到 1877 年的 14 万两，占总贸易比重从 0.5%变为 1.8%。由此可见，在汉口开埠后的 17 年间，汉口进口贸易主要以当地市场为主要销售对象，其作为长江中游转运港口的功能还未发挥出来。

第二阶段（1878—1904 年）汉口转运贸易发展较快。从 1878 年的 8 万两，

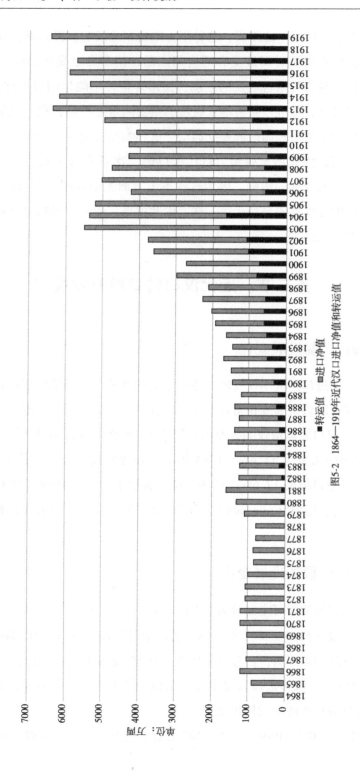

图5-2　1864—1919年近代汉口进口净值和转运值

增至 1904 年的 1644 万两，年增长率为 22.7%。汉口转运贸易值占总贸易比重从 1% 增至 31%，增长显著。1903 年，汉口转运贸易值达到巅峰，占总贸易值的近 1/3。这一时期汉口转运贸易增长主要因为新增了 5 个汉口上游的沿线港口。从 1878 年中国海关报告开始宜昌贸易记载，重庆始于 1891 年，沙市始于 1896 年，岳阳始于 1900 年，长沙始于 1904 年。对于这些新增的长江上游港口，汉口承载了绝大部分的转运功能。这一时期的汉口成为中部的贸易转运中心，具有重要的国内贸易地位。

第三阶段（1905—1919 年）汉口转运贸易持续发展，但较净进口增长慢。汉口转运值从 1905 年的 460 万两，发展到 1919 年的 1130 万两，年增长率为 6.6%。虽然较第二阶段发展慢，但汉口转口贸易仍持续增长。净进口的增长速度大于转运的增长速度在一定程度上表明汉口本地市场扩大与消费量增加。长江航运业的发展和汉口上游港口的成熟也是汉口转运贸易发展有所减缓的主要原因。

第四节　近代汉口出口贸易发展

一、出口净值发展变化

在进口扩大的同时，近代汉口的出口贸易也随之增长。1864 年，汉口出口净值为 128 万两，到 1919 年增长到 1383 万两，扩大了 11 倍，56 年间年增长率为 4.4%。最低值出现在 1867 年，当年出口净值仅为 108 万两。最高值出现在 1909 年，为 1659 万两。1864 年汉口出口净值仅占进口净值的 22%，到 1919 年增至总进口值的 26%。图 5-3 具体表示了 1864—1919 年汉口出口净值的变化。

与进口贸易发展趋势相似，刚开埠的几年间，近代汉口出口贸易增长速度较快。尔后，进入了近 30 年的缓慢发展阶段。1900 年后，出口贸易增长速度显著提升。由此可见，进口贸易的发展也带动了出口贸易的增长。但出口贸易的增长速度不及进口贸易，且与进口贸易比较发现出口贸易的波动较进口贸易大。

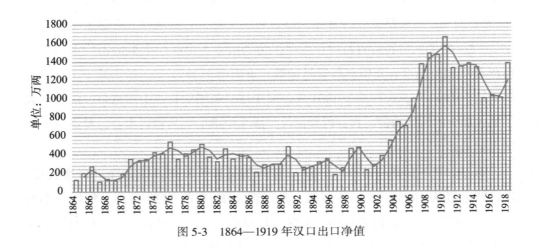

图 5-3　1864—1919 年汉口出口净值

二、进出口贸易比较

1864—1919 年，汉口进口所占进出口贸易比例要远远大于出口。56 年间汉口进口贸易平均比重为 79%，而出口贸易的平均比重只占总贸易值的近 1/5。其中，1867 年、1897 年、1901—1903 年，汉口进口贸易比重超过 90%。由此可见，汉口自开埠后的半个多世纪内，一直是以进口贸易为主的贸易港。图 5-4 具体表示了 1864—1919 年汉口进出口净值比较。

从清末到民国初期，近代汉口进出、口比例变化不明显。出口贸易的发展趋势在 1905 年前大致与进口贸易发展趋势相似，所占比重变化不大。但 1905 年后出口贸易的比重开始增加，且在 1905—1911 年进口贸易有所下降的时期仍能保持一定增长。这一时期出口贸易的增加一方面与清末实施的一系列推动对外贸易的法规和新经济制度有关，另一方面也与国内革命运动有关，一些革命家如孙中山推动了政治经济改革的思潮。1905 年科举制被废除，西学逐渐成为学校教育主流。教育方式得到根本转变，为 1911 年辛亥革命和国家建设培养了大批思想进步、锐意创新的社会精英和宝贵人才。新兴的思想风气推动了民族意识的觉醒，1905 年不少省份开始了抵制美货运动和收回路矿权运动，湖南、湖北、广东三省收回粤汉铁路。因此，这一时期汉口出口贸易有所增长。

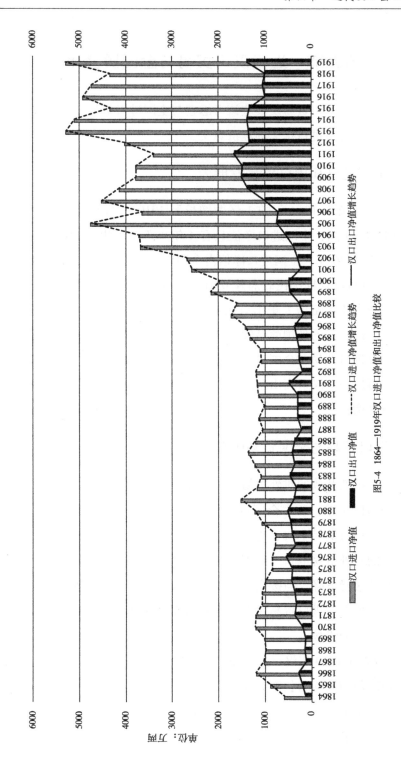

图5-4 1864—1919年汉口进口净值和出口净值比较

单位：万两

第五节 近代汉口贸易与全国贸易比较

分析近代汉口进口贸易发展应该考虑它与全国进口贸易变化的关系，从而能更加清晰地了解汉口进口扩大的经济意义。

一、全国进口和出口贸易发展

全国贸易净值由 1864 年的 1 亿两增长至 1910 年的 8.4 亿两，年增长率为 4.7%。在这 47 年间，全国进口净值只有 4 年小于全国出口净值，分别为 1864、1873、1874 和 1876 年，全国进口净值占全国贸易净值的平均比重为 55%。19 世纪后半叶到 20 世纪初期国民政府建立前的晚清时期，中国进出口贸易比重基本持平，进口所占比重略为大于出口比重。（详见图 5-5）开放商埠并未带来进口贸易量远大于出口量的外国商品倾销，而是增加了近代中国总贸易值。

比较汉口进口贸易和全国进口贸易分别占汉口进出口贸易和全国进出口贸易的平均比重可发现，汉口高出全国 24%。汉口进口贸易扩大在一定程度上拉动了全国进口贸易增长。

二、汉口贸易与全国贸易比较

汉口作为早期开放的对外贸易港口，在 1864—1887 年的 24 年里担任相当重要的进口贸易枢纽港，所占全国进口贸易比重皆在 10% 以上。1870 年，汉口进口贸易占全国进口贸易 19%，近 1/5 的水平。这反映了汉口在开埠后，迅速成为中国最重要的对外贸易港口。随着 19 世纪晚期更多港口的开放，汉口进口贸易所占比重开始缓慢下降。但按全国开放港口数量来看，汉口港仍占重要地位。汉口进出口贸易比重与进口贸易比重的发展趋势大致相同，这也正是因为汉口进口贸易占主导地位的缘故。

比较 1864 到 1919 年汉口进口净值与全国进口净值的发展趋势可发现，56 年间汉口进口净值的年均增长率为 4.1%，全国进口净值的年均增长率为 4.7%。自汉口开埠后的半个多世纪里，汉口进口增长速度与全国进口增长速度相近。（详见图 5-6）19 世纪末到 20 世纪初期，汉口进口贸易增长速度高于全国进口贸易

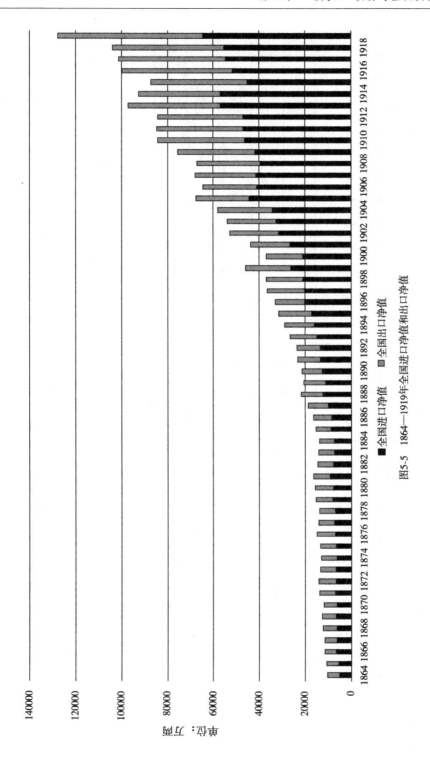

图5-5　1864—1919年全国进口净值和出口净值

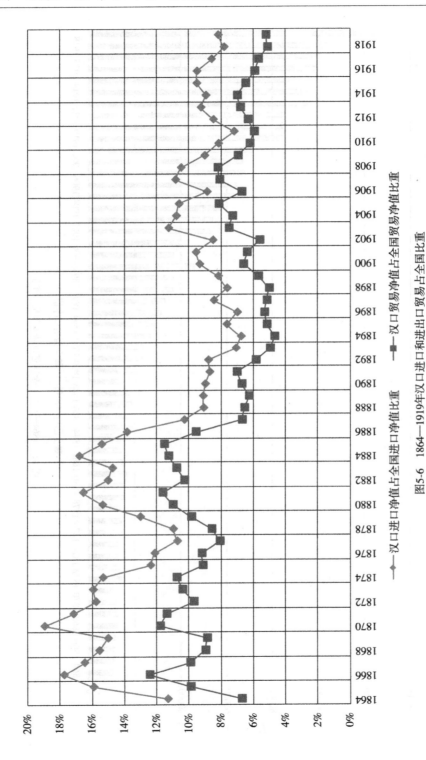

图5-6　1864—1919年汉口进口和进出口贸易占全国比重

增长速度。(详见图 5-7)

图 5-7　1864—1919 年汉口与全国进口贸易发展趋势

　　观察汉口与全国总贸易可以发现，1864—1919 年的 56 年间汉口进出口贸易
的年均增长率为 4.2%，全国进出口贸易的年均增长率为 4.6%。(详见图 5-8)

　　综上所述，汉口自开埠后，不仅极大扩大了进口贸易，成为长江流域和中部
重要的进口贸易港口，更带动了全国进口贸易增长。整个近代汉口不同阶段的贸
易发展深受社会政治背景影响。虽然开埠后汉口贸易在短期内迅速腾飞，但受清

图 5-8　1864—1919 年汉口与全国进出口贸易发展趋势

政府制约，进口贸易在整个 19 世纪后半叶发展缓慢。在 20 世纪初期，随着更多的政治变革和思想解放运动改进了贸易环境，汉口进口贸易增长速度明显加快，带来更多贸易利益，不断扩大汉口消费市场。此外，汉口还承担了重要的转运功能。从 19 世纪晚期开始的转运值增长在一定程度上反映了汉口与长江流域和周边地区的紧密埠际联系，也证明了汉口港的辐射、溢出效应与示范带头作用。

第六章　近代汉口商品种类与价格变化

根据第二章所梳理的国际贸易理论框架，贸易利益可以用进口商品种类的增加来测度。本章将主要分析近代汉口进口商品种类变化的关系来评估汉口港对外开放所带来的贸易利益。近代汉口进口贸易的不断扩大所带来的商品价格和商品种类的变化对贸易利益产生怎样的影响？不同类型的商品种类变化是否存在显著差异？不同阶段贸易利益是否有所不同？这是本章主要探讨的内容。本章的贸易数据主要收集整理自《中国旧海关史料：1859—1948》。利用该贸易数据，本章具体分析了近代汉口进口种类增长与贸易利益。

第一节　数　据　说　明

关于本章所使用的贸易数据，有以下几点需要说明：

（1）关于使用贸易数据的统计时间段，本章主要收集了 1864—1919 年共 56 年贸易数据。1919 年后，由于近代中国海关进行统计调整，不再按各通商口岸统计进出口货物，而是汇总全国进出口货物统计，因此本章主要分析 1919 年前汉口进口货物贸易数据。

（2）关于出入汉口通商口岸货物的统计分类。1864—1919 年，近代海关对于货物的统计主要分为国际贸易（foreign trade）和国内贸易（coast trade）。国际贸易下又分为国际商品进口贸易、国际商品再出口国外的贸易和本地商品出口国外的贸易三项。国内贸易下分为从其他国内港口进口的国产商品与金银贸易、国产商品再出口国外贸易、国产商品再出口国内港口贸易、本地商品和金银出口其他国内港口的贸易、从其他国内港口进口外国商品的贸易和外国商品转口到其他国内港口的贸易。从 1905 年开始，近代海关对于货物的统计改为进口贸易和出口贸易两大类，但其下统计内容没有较大变化，只是不再按国际贸易和国内贸易分类，而是以进出口汉口港的货物分类。值得注意的是，不管是洋货还是土货，进入本地海关的货物都被统称为进口货物，与现代意义上的进口产品有所区别。

（3）关于近代中国海关对于贸易货物的统计内容。统计报告内容主要包括：商品名称、数量单位、从国境外进口商品的数量和价值、从其他国内港口进口的外国商品数量和价值、再出口国境外商品的数量和价值、再出口其他国内港口商品的数量和价值、净进口商品的数量和价值。原则上，净进口等于总进口减去所有再出口商品。虽然随时间推移近代中国海关对于统计内容有所调整，但影响不大，主要内容保持不变。

（4）关于近代中国海关对于贸易货物品种的统计分类。开埠初期，近代汉口海关还未对出入汉口港的货物品种进行分类，1864、1865—1867 年均没有分类，统计以商品名称首字母 a-z 的顺序排列。直到 1868 年才首次对货物种类进行大类分类。1868 年进口商品种类分为棉织品、毛织品和金属这三大类。1868 年增加了鸦片、海峡和日本产品、杂货这三大类。海峡和日本产品与其他按商品性质的分类不一样，是按来源地的分类。到 1890 年，海峡和日本产品的分类被取消，只剩下五种分类。1894 年新增其他混织品这一分类，但该分类下的产品种类极少。1903 年又新增棉毛混织品这一分类。从 1914 年开始，鸦片这一分类由于禁烟的关系被取消。一直到 1930 年，近代汉口贸易统计保留的产品种类分类主要有棉织品、棉毛混织品、毛织品、其他混织品、金属和杂货这六大分类。由于毛织品、棉毛混织品和其他混织品这三类的种类数量和总价值较小，且其他混织品和棉毛混织品是分别从 1894 年和 1903 年才出现的新分类，因此，为了简化分析，本书在分析时将毛织品、棉毛混织品和其他混织品归为一类，统称为毛织和其他织品。根据近代中国海关资料和分类标准，本书将进口产品主要分为棉织品、毛织和其他织品、金属和矿产品、杂货四大类进行分析。

（5）关于近代中国海关对于贸易货物的统计语种和称谓。1864—1912 年，近代海关统计数据为英文。到 1913 年，近代海关开始使用中英文双语统计。关于进口货物的中文翻译，本书大部分保留了近代海关的称谓，但如鸦片（近代海关称"洋药"或"药土"）等特殊商品，则使用现代称谓以方便理解。

（6）近代中国海关未统计 1865 年汉口贸易，因此本书的 1865 年贸易数据均取 1864 年和 1866 年的均值以方便观察分析。

（7）近代汉口从 1864 年开始统计进口鸦片，到 1914 年取消鸦片进口。由于鸦片进口所带来的各种负面效应，且自汉口开埠后鸦片进口品种变化不大，本书在分析进口产品种类增长与贸易利益时，鸦片不计入进口种类。

第二节　近代汉口进口产品种类变化

一、进口产品种类数量变化

随着近代汉口港对外开放的时间积累和程度加深，汉口进口产品种类不断增多。从汉口开埠到民国中前期的半个多世纪以来，近代汉口从完全封闭的状态发展为全国仅次于上海的第二大国际贸易港。进口贸易的增长伴随着进口种类的增长，进口种类的增长又助长了进口贸易发展。图 6-1 具体表示了 1864—1919 年近代汉口进口产品种类增长趋势。

1864 年汉口进口货物统计比较特殊，分为直接从外国进口货物和从国内其他港口转运到汉口的外国进口货物。随着时间推移，近代中国海关进行统计调整，将两者计入同一报告表内，更方便阅读。因此，早期（1864 年和 1866 年）汉口进口产品种类需要加总直接进口和转运进口两项。1864 年汉口直接进口产品种类为 18 种，其中棉织品 1 种、毛织品 3 种、金属 2 种、杂货 12 种。间接进口产品种类为 152 种，其中棉织品 22 种、毛织品 20 种、金属 11 种、杂货 99 种。但由于该年直接进口产品与间接进口产品的种类相重复，剔除重复的种类后，1864 年进口产品种类还是 152 种。1865 年没有近代汉口海关统计（计算时取前后两年平均值）。1866 年，汉口直接进口商品仅有 1 种，而间接进口种类为 162种，其中棉织品 21 种、毛织品 21 种、金属 12 种、杂货 108 种。由于直接进口与间接进口产品种类重合，因而 1866 年共有 162 个种类进口产品。从 1867 年开始，直接进口和间接进口产品统计合并为一个报告表。从这两年的贸易数据来看，开埠初期汉口进口产品主要来源于间接进口而非直接进口。到 1919 年，汉口进口产品种类增至 894 种。从近代海关报告表中可以直观看出，直接进口比开

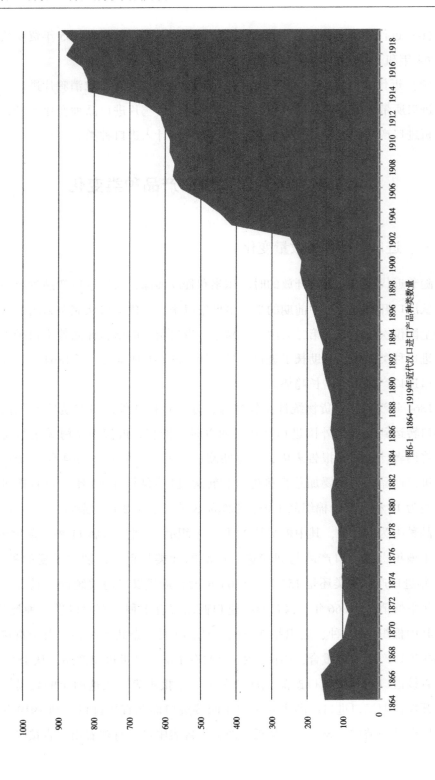

图6-1　1864—1919年近代汉口进口产品种类数量

埠初期有较多增长。随着汉口对外开放的发展，汉口直接进口贸易有明显增长，逐渐同间接进口具有同样的重要性。1864—1919 年的 56 年间，近代汉口进口产品种类增加了 735 种，年均增长率为 3.3%。不同种类的产品其直接进口和间接进口数量有所不同。

由图 6-1 可以看出，近代汉口进口产品种类发展大致可以分为两个阶段。第一个阶段是 1864—1902 年平缓增长时期。39 年间年均增长率仅为 1.3%，年均进口产品种类数量为 146 种。与净进口贸易相反，开埠初期从 1864—1871 年汉口进口产品种类呈轻微下降趋势。从 1864 年的 152 种进口产品下降到 1871 年的 84 种，减少了 68 种，年均增长率为 -8.1%，导致这段时期进口产品种类下降的主要原因可能为以下两点：一是因为开埠后供给与需求处于磨合时期。外国商人逐渐了解汉口市场需求，慢慢调整成当地需求大、利益大的产品，减少那些销量不好或不被当地消费者接受的产品。二是因为近代汉口统计调整。海关会将多个种类的产品归纳为一个种类或将一个种类的产品细化为多个。考虑到这段时期汉口净进口贸易量呈上升趋势，所以不是贸易下降造成的种类减少。1871 年后近代汉口进口产品种类不断增长，但增长速度较为缓慢。从 1871 年的 84 种增长至 1902 年的 251 种，增加了 167 种，年均增长率 3.6%。其间，从 1898 年开始，进口产品种类超过 200 个。

第二个阶段是 1902—1919 年快速增长时期。从 1902 年的 251 种增长至 1919 年的 894 种，增长了 643 种，18 年间年均增长率为 7.8%，年均进口产品种类为 638 个。相较第一阶段，第二阶段年均增长率高出 5.6 倍，年均进口产品种类数量多 489 个。1911 年前，短期的平缓增长可能受到汉口政治活动的影响。1912 年后增长速度再次加快。在第二阶段中，可能导致进口产品种类增长明显的原因较多：（1）国内政治社会方面，由于清末新政和民国初期政府采取了有利于贸易开放的政策，因此国内市场进一步打开，能接纳更多的国外商品进入市场。同时，较为开明的官僚张之洞的督鄂也为汉口开放作出了不小贡献。（2）国外供给方面，随着工业的不断发展，轻重工业领域都有巨大创新，这些进步提高了西方各国的生产力，促进了规模生产。另外，劳动分工的深化扩大了专业生产人员队伍，提高了劳动生产效率。工业中心城市人口的迅速增长不仅为生产提供了劳动力，还为消费品提供了市场。西方制造业先进的机械生产为制造更多廉价的商品提供了基础。在满足国内市场后，越来越多的商品在全球范围内流通，这也是该阶段汉口进口产品种类增加的重要原因。（3）由于第一阶段开埠后近40年的积累，汉口自身经济和各方面得以更快发展，汉口本地居民有了一定的财富积累。资本的积累为本地工商业的不断壮大打下基础，工厂和企业的增多需要更多的原料供给和机械引进，因此，产品种类有所增加。（4）汉口城市发展和基础设施建设，吸引了更多外地人口来汉务工和居住。人口的增加意味着市场需求的增加，为进口扩大提供了条件。（5）汉口本地市场需求与各国进口产品供给经过长年磨合后，外国商人更深入了解了本地市场需要，本地消费者也更好地接受了外国商品，使汉口市场有足够的空间可以吸收更多种类的进口产品。（6）中国近代海关的统计方式随时间推移不断发展完善，对于进口产品种类的分化越来越细，这也可能导致种类的增多。

二、进口产品种类分类

在整体分析了近代汉口进口产品种类数量后，本章进一步观察不同类型下产品种类的变化。从1864—1919年，随着进口产品种类越来越多，为方便记录管理，近代汉口海关进口贸易数据从1876年开始有第一级分类，从1903年开始出现第二级分类。近代汉口的进口产品的第一级分类主要有棉织品、毛织品、棉毛混织品、其他混织品、金属和矿产品以及杂货。第一级分类下有第二级细化分类，但第二级分类并未囊括所有具体产品种类，即一些产品种类并不归属于第二级分类之下，属于没有二级分类、只有一级大分类的杂项。通过观察原始数据可以发现，只有相似种类较多或者价值大的产品才会有二级分类。

四大一级分类下的第二级分类主要分为：（1）棉织品下的第二级分类主要包括：原色布、原色粗布和细布、粗斜纹布、洋标布、漂白细洋纱、软洋纱、稀洋纱、印花布、染色布、棉法兰绒、手帕、面巾浴巾床巾类、毡布、棉纱、棉线类等。（2）毛织和其他织品下的第二级分类主要包括：毛绵呢、毛呢、丝绒、绸缎、杂质匹货等。（3）金属和矿产品下的第二级分类主要包括：黄铜、紫铜、铁、旧铁、镀锌铁、白铜等。（4）杂货类包含较为广泛的产品种类，从原料、食品和日用百货到军火、机械和铁路材料。杂货下的第二级分类主要包括：牲畜、军械、军火、蜡烛材料、罐装食物、制帽材料、制烟材料、染料、颜料和油漆、电气材料、搪瓷器、干果和饯果类、鲜果、洋参、理发用品、科学仪器、乐器、皮革、机器和零件、火柴材料、肉类、药材、油、煤油、纸、造纸材料、照相器材和材料、瓷器、铅印和石印材料、伙食、铁路材料、汗衫和裤类、文具、木材、衣箱和手提箱、伞类、车辆和汽车零件、汽水、泉水和酒类等。

近代汉口进口产品的第一级分类归纳为棉织品、毛织和其他织品、金属和矿产品和杂货四大类型。由于历年来其他混织品和棉毛混织品类别下产品种类数量较少，且统计起始年份较晚，所以为了方便分析，本书将其他混织品和棉毛混织品汇入与之相似的毛织品分类，统称为"毛织和其他织品"。其他三类则保持近代海关划分方式。通过整理收集到的原始数据，图6-2具体表示了近代汉口进口产品第一级分类中四大进口类型的增长趋势。

从1864—1919年，杂货类产品种类数量远超其他三种类型，这主要由于杂货类涵盖产品种类的范围最广，从生活百货到食品再到一部分原材料或者机械，都被归类在杂货下。但杂货类下占主要比重的产品种类还是日常消费品，这说明近代汉口进口产品主要丰富了当地居民的物质生活。以发展本地工业进口的原料和机械占比较少，这在一定程度上反映了当时汉口工业发展水平还处于起步阶段。

从整个阶段来看，四种类型按年均增长率由快到慢排序分别是金属和矿产品、杂货、棉织品以及毛织和其他织品。56年间，金属和矿产品由13种增加至120种，增长率为4.1%；杂货由75种增加至551种，增长率为3.7%；棉织品由23种增加至161种，增长率为3.6%；毛织和其他织品由15种增加至62种，增长率为2.6%。

按发展速度来看，1864—1919年明显分为两个阶段。1902年之前，四种类型产品基本呈缓慢发展趋势。其中，增长最快的是金属和矿产品。按1864—1902年均增长率从高到低排序分别为金属和矿产品（2.1%）、棉织品（1.8%）、杂货（1.4%）以及毛织和其他织品（-0.3%）。该阶段中，1864—1871年汉口进口产品种类呈轻微下降趋势与杂货类产品种类数量呈下降趋势相符。从1902年开始，四种类型产品的增长速度均显著加快。其中，金属和矿产品和棉织品依然保持增长速度较快的趋势。金属和矿产品的年均增长率为9.9%，棉织品的年均增长率为8.1%，毛织和其他织品的年均增长率则为7.5%，杂货的年均增长率为7.3%。

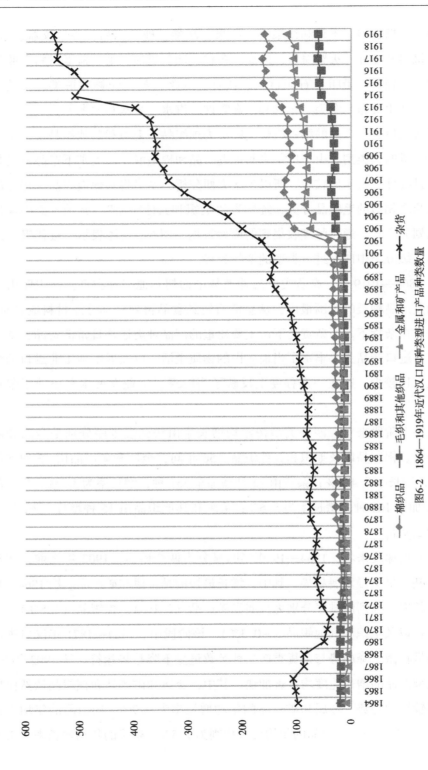

图6-2　1864—1919年近代汉口四种类型进口产品产品种类数量

1902 年前，汉口棉织品的种类增长速度较快，在一定程度上反映了当时汉口居民的消费水平。棉织品的种类增加一定程度上反映了本地消费者对衣着的需求，而衣着需求属于基本生活资料需求。由于近代汉口处于现代化经济发展的初级阶段，这类进口产品种类增长符合当时消费者需求。近代汉口棉织品进口发展也带动了当地棉纺织等现代工业的显著增长，并推动了产业聚集发展，逐渐形成了以汉口为中心的商业集中模式。这一时期，金属和矿产品的种类逐渐超过毛织和其他织品，不再是产品种类最少的类型。

1902 年后，金属和矿产品的增长率近 10%，较 1902 年前增速了 5 倍。金属和矿产品种类的快速增长离不开当地需求的增加。张之洞筹建的汉阳铁厂和汉阳兵工厂（原称湖北枪炮厂）极大增加了对于金属和矿产品的进口需求。金属和矿产品种类的快速增长在一定程度上反映了近代汉口的现代工业化进程。

中国近代最早的官办钢铁企业汉阳铁厂和近代大型军工制造企业汉阳兵工厂，这两者的创建无疑对近代汉口金属和矿产品进口种类增加产生了重要影响。在此对两厂稍做介绍：

（1）以汉阳铁厂为主体合建的汉冶萍煤铁厂矿有限公司是近代规模最大、远东第一的钢铁联合企业，1894—1911 年均为全国总产量的 100%[1]。为满足修建北京卢沟桥至汉口的卢汉铁路的巨大钢铁需求，汉阳铁厂于 1890 年被批准兴建。早期铁厂雇用了不少外籍人员参与建设和运营[2]。汉阳铁厂的原料产区大冶铁矿是国内第一家用机器开采的大型露天铁矿。铁厂所产钢铁品质较高，不仅被用于国内多条铁路建设，包括京汉、川汉和粤汉铁路等 8 条铁路，还出口多个国家，例如美国、日本和南亚国家。1911 年铁厂生产的煤、铁矿石及钢铁制品参加世

---

①　武汉市汉阳区地方志编纂委员会：《汉阳区志》，武汉出版社 2008 年版。

②　主要外籍人员包括：（1）亨利·贺伯生（Hery Hobson），英国人，曾任英国巴麦厂的冶炼首匠，1890 年应聘来到湖北，任汉阳铁厂总监工。（2）约翰逊（Johnson），英国人，清末任汉阳铁厂设计师。（3）骆丙生（Robinson），英国人，清末任汉阳铁厂化验师。（4）德培（Gust Toppe），德国人，1896—1897 年任汉阳铁厂总工程师。（5）堪纳地（Kennedy），美国人，1897—1898 年任汉阳铁厂总工程师。（6）赖伦，英国人，帮助考察化验大冶铁石、白石，萍乡焦炭，解决铁厂炼钢难题。（7）哈里森（Harrison），英国人，耐火砖厂技师，从英国带来一整套制砖机器，在汉阳铁厂建立制砖厂房。具体参见《武汉市志（1840—1985）——人物志》。

界博览会并获得奖项①。

（2）汉阳兵工厂是当时国内生产规模最大、设备最精良的轻型兵器工厂。1890 年，张之洞以湖北地理条件适中、水路交通方便和煤铁资源丰富为由，上奏将筹建中的广州枪炮厂被迁至汉阳。为修建、筹备该厂，张之洞于 1893 年修建了湖北省第一条铁路，以便运输矿石。该铁路从铁山到江边石灰窑，全长 18 公里。最终湖北枪炮厂于 1894 年建成，次年开工生产，共有炮厂、枪厂、炮架、炮弹、枪弹五厂。当时的汉阳兵工厂引进了德国炼钢和火炮制造设备与技术并大量生产著名的"汉阳造"步枪②、大炮和弹药等，成为当时国内少有的可以生产各式轻重兵器的兵工厂。兵工厂引进不少外籍技术人员参与建设③。与同期各省机器局相比，湖北枪炮厂的机器较新，工人较多，是晚清时期规模最大、设备最先进的军工企业。到 1904 年，湖北枪炮厂改名湖北兵工厂，可日产步枪 50 枝、子弹 12000 颗。1908 年改名汉阳兵工厂。1909 年，由于清政府财力日益枯竭，停办炮厂、炮架、炮弹、铸弹和铜壳五厂。辛亥革命时，汉阳兵工厂遭到破坏，到 1912 年后逐步恢复生产。随后，汉阳兵工厂的管辖方几经易主，到 1929 年归国民党政府军政部兵工署管辖。

---

① 尽管汉阳铁厂代表了近代中国重工业发展成就，但汉阳铁厂自修建开始就存在不少弊端：（1）工业区位不合理，生产成本高昂。虽然汉阳铁厂临江而建，水道运输方便，但铁厂既不靠近煤矿也不靠近铁矿，因此运输费较高。直到萍乡煤矿建成，该问题才有所缓解。（2）采用土法炼铁，耗费大量木炭，且生产率较低，远不及使用煤炭的生产率。（3）汉阳铁厂的修建和运作耗费大量当地和国家财政。张之洞不断向其他国家借款和用其他管办工厂的盈利填补铁厂的负债。（4）设备与生产原料不匹配。汉阳铁厂从英国引进了当时最先进的炼钢炉——马丁炉，但马丁炉只适合炼含磷量较少的铁矿，而铁厂却大量使用含磷量较高的大冶铁矿矿砂。近代经济学家陈振汉就国内工业区位问题做过不少研究，其中《战前工业区位的评价》（《新经济》1941 年第 5 卷第 9 期）就利用工业区位理论分析了汉阳铁厂区位的问题。

② 汉阳 97 步枪仿德国步枪制成，是当时国内军队的主力枪械。无论国民党军队，还是八路军、新四军和游击队，都大量使用"汉阳造"步枪。至 1928 年停止生产，汉厂共产"汉阳式步枪"68 万余支。

③ 主要外籍人员包括：（1）题来，德国人，毕业于德国柏林工业学校，清末从德国力拂厂（Ludwig Loewe CO.）来湖北任湖北枪炮厂总工程师。（2）威廉·福克斯，德国人，曾在克房伯兵工厂任监督，后经辜鸿铭推荐主持汉阳兵工厂。（3）杜业尔，德国人，1901 年任湖北枪炮厂技师，分管铸造专业。（4）白脱兰，德国人，1901 年同 14 名技师任湖北枪炮厂技师，分管化铁专业。（5）本庄道，日本人，1904 年任湖北枪炮厂技术顾问。参见《武汉市志（1840—1985）——人物志》。

除了比较四大类型产品种类数量，我们还可以了解四大类型产品种类各自所占比重，因此更好观察四大类型产品种类变化。图6-3具体展示了同一时期棉织品、毛织和其他织品、金属和矿产品和杂货类型下产品种类数量的比重。

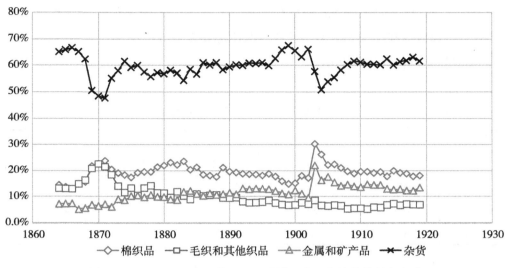

图6-3　1864—1919年近代汉口四种类型进口产品种类所占比重

这一时间段内，四大类型中杂货类所占比重最高，并远超其他类型。56年间，杂货年均所占比重为60%，而棉织品、毛织和其他织品、金属和矿产品分别为19%、10%和11%。1864—1919年，杂货所占比重没有明显变化，同样没有明显变化的是棉织品所占比重，由此可见，这两大类型在近代汉口进口贸易中的地位较稳固。变化比较明显的是毛织和其他织品以及金属和矿产品。毛织和其他织品在1870年前几乎和棉织品所占比重及变化趋势相似，但自1870年后，其所占比重开始下降，在1880年代中期由第三位下滑到最后一位。56年间，从13.2%跌倒6.9%。毛织和其他织品的汉口进口产品种类的下降主要可能由于本地气候对毛织和其他织品的需求量较棉织品小。另外，毛织和其他织品类型下的产品平均单价其实普遍较棉织品低，可能由于毛织和其他织品类产品的利润没有棉织品高，所以进口种类逐年下降。与此同时，金属和矿产品所占比重明显上涨。从1864年的7.2%增至1919年的13.4%。1890年后逐渐与棉织品比重的发展趋势相同，趋于更加稳定的增长。

三、不同阶段进口产品种类变化

随着产品种类的增长，有多少种类消失了，又有多少种类被保留了，新增了多少种类？回答这些问题能更清楚地了解近代汉口产品种类变化。由于从 1903 年开始，近代海关对进口产品种类有了第二级分类，而 1903 年前只有第一级分类，即上面所提到的四大类型。因此，本章将近代汉口 1864—1919 分为两个阶段分别进行分析。（详见表 6-1）

表 6-1　　　　两个阶段近代汉口四种类型进口产品种类

年份	棉织品	毛织和其他织品	金属和矿产品	杂货	净进口产品种类
1864	22	20	11	99	152
1902	43	18	24	166	251
1903	106	30	77	202	415
1919	161	62	120	551	894

第一个阶段中，起始年份 1864 年共有 152 个进口产品种类，到 1902 年增至 251 个，39 年间增加了 99 个。这其中，1864 年和 1902 年共有的产品种类为 58 个。以 1864 年为基准，到 1902 年共消失了 90 个产品种类，新增了 195 个。根据所收集的 1864 年和 1902 年所有进口产品种类的原始贸易数据，表 6-2 具体展示了第一级分类下四种类型进口产品种类从 1864—1902 年的演变。为了更好观察不同用途进口产品种类的增长，本书将第一级分类下的杂类划分为食品类杂货和非食品类杂货。

表 6-2　　　　1864 年和 1902 年近代汉口四种类型进口产品种类

产品类型	年　份	进口种类数	进口总值（海关两）	进口比重（%）
棉织品	1864 年	22	1716978	36.12%
	1902 年	43	16202299	60.61%
	1864 年共有	7	1065806	22.42%
	1902 年共有	7	5007228	18.73%

续表

产品类型	年　份	进口种类数	进口总值（海关两）	进口比重（%）
棉织品	1864 年有，1902 年无	15	651172	13.70%
	1864 年无，1902 年有	36	11195071	41.88%
毛织和 其他织品	1864 年	20	1596612	33.59%
	1902 年	18	765748	2.86%
	1864 年共有	5	1293751	27.22%
	1902 年共有	5	452177	1.69%
	1864 年有，1902 年无	15	302861	6.37%
	1864 年无，1902 年有	13	313571	1.17%
金属和 矿产品	1864 年	11	455018	9.57%
	1902 年	24	983083	3.68%
	1864 年共有	7	129447	2.72%
	1902 年共有	7	282372	1.06%
	1864 年有，1902 年无	4	325571	6.85%
	1864 年无，1902 年有	17	700711	2.62%
杂货 （食品类）	1864 年	35	795919	16.75%
	1902 年	52	2883653	10.79%
	1864 年共有	21	754702	15.88%
	1902 年共有	21	1762935	6.60%
	1864 年有，1902 年无	14	41217	0.87%
	1864 年无，1902 年有	31	1120718	4.19%
杂货 （非食品类）	1864 年	64	188597	3.97%
	1902 年	116	5896085	22.06%
	1864 年共有	18	70296	1.48%
	1902 年共有	18	1106478	4.14%
	1864 年有，1902 年无	46	118301	2.49%
	1864 年无，1902 年有	98	4789607	17.92%

由表 6-2 可见，四种类型中，1864—1902 年旧产品种类消失从多到少的排序

分别是：非食品类杂货>棉织品>毛织和其他织品>食品类杂货>金属和矿产品。新增产品种类从多至少的排序是：非食品类杂货>棉织品>食品类杂货>金属和矿产品>毛织和其他织品。这说明非食品类杂货的产品种类变化最大，不仅消失的品种最多，新增的品种也最多。而毛织和其他织品从种类较多变为种类较少，说明这一类型产品的市场占有率下降。从占进口比重的角度来看，消失的旧产品种类占进口比重从高到低分别为：棉织品>金属和矿产品>毛织和其他织品>非食品类杂货>食品类杂货。而新增产品种类占进口比重从高到低分别为：棉织品>非食品类杂货>食品类杂货>金属和矿产品>毛织和其他织品。这说明虽然杂货类产品种类最多且非食品类杂货的新增产品种类数量最多，但占近代汉口进口贸易净值重要比重的仍是棉织品。这究竟是因为棉织品的进口数量多还是价值较高，后面关于近代汉口进口产品价格变化的章节会做细致分析。就 1864 年和 1902 年共有的产品种类来看，除了非食品类杂货下产品种类的进口比重有所上升，其他类型均有所下降。其中，下降最显著的是毛织品与其他织品，从 27% 下降为 2%。该类型下产品种类数量和进口比重的下降反映了市场和时代对该类型产品的筛选和淘汰。

第二个阶段是 1903—1919 年。起始年份 1903 年共有 415 个进口产品种类，到 1919 年增至 894 个，17 年间增加了 479 个。其中，1903 年和 1919 年共有的产品种类为 281 个。以 1903 年为基准，到 1919 年共消失了 134 个产品种类，新增了 613 个。表 6-3 具体表示了四大类型下近代汉口 1919 年较 1903 年共有的进口种类、消失的种类和新增的种类，这些种类的进口总值和进口比重。

表 6-3　　　　　**1903 年和 1919 年近代汉口四种类型进口产品种类**

产品类型	年　　份	进口种类数	进口总值（海关两）	进口比重（%）
棉织品	1903 年	106	20870624	56.78%
	1919 年	161	19738053	36.76%
	1903 年共有	69	20448006	55.63%
	1919 年共有	69	9465331	17.63%
	1903 年有，1919 年无	37	422618	1.15%
	1903 年无，1919 年有	92	10272722	19.13%

产品类型	年　　份	进口种类数	进口总值（海关两）	进口比重（%）
毛织和 其他织品	1903 年	30	1093365	2.97%
	1919 年	62	811173	1.51%
	1903 年共有	23	882894	2.40%
	1919 年共有	23	518005	0.96%
	1903 年有，1919 年无	7	210471	0.57%
	1903 年无，1919 年有	39	293168	0.55%
金属和 矿产品	1903 年	77	2033341	5.53%
	1919 年	120	6350181	11.83%
	1903 年共有	58	1624620	4.42%
	1919 年共有	58	4515255	8.41%
	1903 年有，1919 年无	19	408721	1.11%
	1903 年无，1919 年有	62	1834926	3.42%
杂货	1903 年	202	12761581	34.72%
	1919 年	551	26793284	49.90%
	1903 年共有	131	9676569	26.32%
	1919 年共有	131	11313495	21.07%
	1903 年有，1919 年无	71	3085012	8.39%
	1903 年无，1919 年有	420	15479789	28.83%

由表6-3可见，四种类型下从1903—1919年杂货类新增产品种类最多，其次是棉织品，再次是金属和矿物品，最后是毛织和其他织品。而按消失种类从多到少排序，则分别是杂货、棉织品、金属和矿物品以及毛织和其他织品，顺序与新增产品种类一致。通过增减产品种类数量可以看出，这四大类型的产品种类增减较活跃，仅仅18年间产品种类变化比第一阶段39年间的变化剧烈许多。产品种类增减的活跃在一定程度上反映了贸易发展的积极性。从进口比重的角度看，消失的产品种类均占较小进口比重。而新增的产品种类中，杂货类型下产品种类新增产品种类占进口比重最大，高达1919年进口比重的29%。其次是棉织品，达19%。虽然金属和矿物品新增的产品种类多达62种，但仅占进口比重3%，远低

于新增了 92 个产品种类占进口比重 19% 的棉织品。这说明棉织品下产品在数量或价值上远超金属和矿物品下产品数量或价值。观察 1903 年和 1919 年共有商品种类可以发现，除了金属和矿物品中共有商品种类所占比重有所上升，从 4% 至 8%，其他类型均有所下降。棉织品的下降程度最大，从 56% 下降为 18%。杂货和毛织和其他织品的变化较小。

四、二级分类下进口产品种类变化

由于从 1903 年开始近代中国海关开始对进口产品进行二级分类，即四大类型下有了进一步细致产品种类分类。需要注意的是，二级分类并不囊括所有产品种类，即有些产品被归入二级分类，有些则没有。没有被归入二级分类下的产品种类，直接属于第一级分类下。举例来说，机油属于杂货类下二级分类油类，而书籍则没有二级分类，直接属于杂货类下。如果进一步细致观察四大类型下二级分类，我们有以下发现：

棉织品下 1903 年和 1919 年共有的二级分类有本色市布，本色粗布、细布，粗斜纹布，洋标布，漂白纱布，印花布，染色布。所有棉织品下的二级分类中，1903 年和 1919 年共有种类里变化最大的是染色布。以 1903 年为基准，到 1919 年消失了 19 个产品种类，占 1919 年进口比重 0.6%，并新增了 67 个产品种类，占进口比重 7.7%。变化较小的是洋标布，其所占进口比重也较低。而本色市布保留了 1903 年所有产品种类，本色市布新增产品种类所占进口比重高达 6.8%。1903—1919 年，除了本色市布和漂白纱布所占进口比重有所增长外，其他二级分类的进口比重皆有所下降。其中，下降幅度最大的是产品种类较多的染色布。表 6-4 具体表示了棉织品类型下进口产品种类的变化。

表 6-4　　　**1903 年和 1919 年近代汉口棉织品下进口产品种类**

产品类型	年　　份	进口种类数	进口总值（海关两）	进口比重（%）
本色市布	1903 年	7	2360432	6.42%
	1919 年	14	4138686	7.71%
	1903 年共有	7	2360432	6.42%
	1919 年共有	7	532502	0.99%

续表

产品类型	年　　份	进口种类数	进口总值（海关两）	进口比重（%）
本色市布	1903 年有，1919 年无	0	—	0.00%
	1903 年无，1919 年有	7	3606184	6.72%
本色粗布、 细布	1903 年	13	2250752	6.12%
	1919 年	16	3262313	6.08%
	1903 年共有	9	2138922	5.82%
	1919 年共有	9	1665065	3.10%
	1903 年有，1919 年无	4	111830	0.30%
	1903 年无，1919 年有	7	1597248	2.97%
粗斜纹布	1903 年	15	1202606	3.27%
	1919 年	10	1734418	3.23%
	1903 年共有	8	1169722	3.18%
	1919 年共有	8	758579	1.41%
	1903 年有，1919 年无	7	32884	0.09%
	1903 年无，1919 年有	2	975839	1.82%
洋标布	1903 年	5	218722	0.60%
	1919 年	6	173357	0.32%
	1903 年共有	4	218520	0.59%
	1919 年共有	4	160823	0.30%
	1903 年有，1919 年无	1	202	0.00%
	1903 年无，1919 年有	2	12534	0.02%
漂白纱布	1903 年	4	8710	0.02%
	1919 年	5	66524	0.12%
	1903 年共有	1	1484	0.00%
	1919 年共有	1	229	0.00%
	1903 年有，1919 年无	3	7226	0.02%
	1903 年无，1919 年有	4	66295	0.12%
印花布	1903 年	11	686549	1.87%
	1919 年	10	353206	0.66%

续表

产品类型	年　　份	进口种类数	进口总值（海关两）	进口比重（%）
印花布	1903 年共有	7	649428	1.77%
	1919 年共有	7	349850	0.65%
	1903 年有，1919 年无	4	37121	0.10%
	1903 年无，1919 年有	3	3356	0.01%
染色布	1903 年	52	14142853	38.47%
	1919 年	100	10009549	18.64%
	1903 年共有	33	13909498	37.84%
	1919 年共有	33	5878225	10.95%
	1903 年有，1919 年无	19	233355	0.63%
	1903 年无，1919 年有	67	4131324	7.69%

由于毛织和其他织品下种类较少，为了方便分析本书将毛织和其他织品归为一大类型的第一级分类。因此，毛织和其他织品下 1903 年和 1919 年共有的二级分类有毛绵呢、呢绒、杂质匹货、丝绒和剪绒。在这些二级分类中，新增产品种类最多的是毛棉呢类，再次是呢绒类，杂质匹货以及丝绒和剪绒新增较少。四个种类下消失的产品种类均不多。按进口比重来看，1903—1919 年除了毛呢类所占进口下降，毛绵呢和杂质匹货皆轻微上升，而丝绒和剪绒保持不变。毛织和其他织品类型下二级分类所占进口比重均较低，其中占比重最高的是毛绵呢，但也只占 0.36%，1919 年新增毛绵呢类产品种类所占进口比重达 0.29%。表 6-5 具体表示了毛织和其他织品类型下进口产品种类的变化。

表 6-5　　　　1903 年和 1919 年近代汉口毛织和其他织品下进口产品种类

产品类型	年　　份	进口种类数	进口总值（海关两）	进口比重（%）
毛绵呢	1903 年	4	97881	0.27%
	1919 年	22	191844	0.36%
	1903 年共有	2	31406	0.09%
	1919 年共有	2	36934	0.07%

续表

产品类型	年　　份	进口种类数	进口总值（海关两）	进口比重（%）
毛绵呢	1903 年有，1919 年无	2	66475	0.18%
	1903 年无，1919 年有	20	154910	0.29%
呢绒	1903 年	12	867927	2.36%
	1919 年	19	174176	0.32%
	1903 年共有	9	740084	2.01%
	1919 年共有	9	123537	0.23%
	1903 年有，1919 年无	3	127843	0.35%
	1903 年无，1919 年有	10	50639	0.09%
杂质匹货	1903 年	4	19285	0.05%
	1919 年	8	290505	0.54%
	1903 年共有	4	19285	0.05%
	1919 年共有	4	244632	0.46%
	1903 年有，1919 年无	0	——	0.00%
	1903 年无，1919 年有	4	45873	0.09%
丝绒和剪绒	1903 年	10	108272	0.29%
	1919 年	13	154648	0.29%
	1903 年共有	8	92119	0.25%
	1919 年共有	8	112902	0.21%
	1903 年有，1919 年无	2	16153	0.04%
	1903 年无，1919 年有	5	41746	0.08%

金属和矿产品下 1903 年和 1919 年共有的二级分类有黄铜、紫铜、新铁、旧铁、镀锌铁。1903 年含有两个没有二级分类的产品，分别是耐磨金属和锑，1919年全部产品均有二级分类。按进口种类数量来看，新增数量最多的种类是镀锌铁，其次是新铁。消失数量最多的是镀锌铁，其次是新铁。可见 1903—1919 年这两类的变化最大、贸易最活跃。总体而言，金属和矿产品下 5 个二级分类的消失产品种类较少，这在一定程度上说明金属和矿产品的进口贸易发展较平稳，市场需求和供给变化不大。按进口比重来看，除了黄铜和旧铁有轻微下降，其他类型的进口比重

皆有所上升。其中，上升最明显的是新铁，其次是镀锌铁。1919 年新增产品种类占进口比重最高的是镀锌铁，其次是新铁。而 1919 年消失产品种类占进口比重皆较低。表 6-6 具体表示了金属和矿产品类型下进口产品种类的变化。

表 6-6　　　　1903 年和 1919 年近代汉口金属和矿产品下进口产品种类

产品类型	年　　份	进口种类数	进口总值（海关两）	进口比重（%）
黄铜	1903 年	7	78984	0.21%
	1919 年	11	92470	0.17%
	1903 年共有	6	76514	0.21%
	1919 年共有	6	84893	0.16%
	1903 年有，1919 年无	1	2470	0.01%
	1903 年无，1919 年有	5	7577	0.01%
紫铜	1903 年	10	909227	2.47%
	1919 年	14	1795733	3.34%
	1903 年共有	9	905771	2.46%
	1919 年共有	9	1649172	3.07%
	1903 年有，1919 年无	1	3456	0.01%
	1903 年无，1919 年有	5	146561	0.27%
新铁	1903 年	21	388128	1.06%
	1919 年	30	2353898	4.38%
	1903 年共有	17	221444	0.60%
	1919 年共有	17	1711901	3.19%
	1903 年有，1919 年无	4	166684	0.45%
	1903 年无，1919 年有	13	641997	1.20%
旧铁	1903 年	8	36166	0.10%
	1919 年	17	35613	0.07%
	1903 年共有	7	36123	0.10%
	1919 年共有	7	25468	0.05%
	1903 年有，1919 年无	1	43	0.00%
	1903 年无，1919 年有	10	10145	0.02%

续表

产品类型	年　　份	进口种类数	进口总值（海关两）	进口比重（%）
镀锌铁	1903 年	29	620447	1.69%
	1919 年	45	1864476	3.47%
	1903 年共有	19	384768	1.05%
	1919 年共有	19	1045123	1.95%
	1903 年有，1919 年无	10	235679	0.64%
	1903 年无，1919 年有	26	819353	1.53%

　　杂货下 1903 年和 1919 年共有的二级分类有罐装食品、制蜡材料、制造纸烟材料、染料、人参、制造火柴材料、油类、辣椒、铁路材料、木材。需要指出的是，相较其他四大分类，杂货类下二级分类最多。但由于杂货类的种类繁多，不便于归类，所以杂货类下二级分类仅囊括一小部分的产品种类，大多产品种类并没有二级分类。而棉织品、毛织和其他织品、金属和矿产品这三类下的二级分类基本涵盖所有产品种类。因此，杂货下各类型共有产品种类无论是数量还是占进口比重都较小。由于数值偏小，分析的意义不大，在此不展开论述。

　　虽然 1903 年和 1919 年杂货下共有的二级分类产品种类较少，但杂货类仍是共有产品种类最多的一级分类。1903 年和 1919 年杂货下共有产品种类占当年进口比重分别为 26.32% 和 21.07%，而 1919 年新增产品种类占当年进口比重的 29%。可见杂货类下新增产品种类占 1919 年总进口重要地位。

　　上述内容具体论述了 1864—1919 年近代汉口进口贸易产品种类变化，并按近代海关统计内容，细致分析了两个时间阶段产品种类变化的区别。第一个阶段 1864—1902 年，产品种类数量增长缓慢；第二个阶段 1903—1919，产品种类数量增长速度加快。近代汉口进口产品种类增长是否对产品价格产生影响？接下来的章节将具体介绍价格变化与贸易利益的关系。

第三节　近代汉口进口产品价格变化

　　为了观察近代汉口进口产品价格变化，本章比对不同年份共有产品的价格，而不考虑新增或消失的产品。同样由于 1903 年近代海关对进口产品种类进行统计调整,为了保持比对产品的一致性,本章继续按 1864—1902 年和 1903—1919 年两个时期分别对近代汉口进口产品价格进行分析。

一、1864—1902 年阶段进口产品价格变化

第一段时期里,棉织品下 1864 年和 1902 年共有 7 个产品,分别是染色布、染色织花布、市布、漂白市布、粗斜纹布、天鹅绒和平绒。按进口产品数量来看,市布和漂白市布的增长最显著。同时,这两个商品的价格皆有所下降。除了染色布和平绒价格有所提升,其他 8 个产品价格均有所下降。下降最多的是天鹅绒,其次是粗斜纹布。(详见表 6-7)

表 6-7　　　近代汉口 1864 年和 1902 年棉织品下共有进口产品价格

共有进口产品							
1864 年				1902 年			
棉　织　品							
产品名称	数量	价值	单价	产品名称	数量	价值	单价
染色布	5134	25170	4.9	染色布	9688	49629	5.1
染色织花布	9796	38248	3.9	染色织花布	17951	64270	3.6
市布	150480	591435	3.9	市布	892703	3124461	3.5
漂白市布	39359	163192	4.1	漂白市布	502366	1607571	3.2
粗斜纹布	26989	155110	5.7	粗斜纹布	28099	103966	3.7
天鹅绒	7187	71870	10.0	天鹅绒	5455	39821	7.3
平绒	4458	20781	4.7	平绒	2036	17510	8.6

毛织和其他织品下 1864 年和 1902 年共有 5 个产品,分别是英国羽纱、法兰绒、斜纹织物、哔叽绒和小呢。除了法兰绒之外,其他产品贸易数量均有所下降,但是有所增长的法兰绒本身贸易量较低。总体而言,毛织和其他织品的贸易数量整体下降较多。按价格来看,除了英国羽纱价格上涨较明显,其他产品价格变化不大,小呢的价格下降最显著。(详见表 6-8)

表 6-8　　近代汉口 1864 年和 1902 年毛织和其他织品下共有进口产品价格

共有进口产品							
1864 年				1902 年			
毛织和其他织品							
产品名称	数量	价值	单价	产品名称	数量	价值	单价
英国羽纱	22986	138596	6.0	英国羽纱	13660	181678	13.3
法兰绒	75	850	11.3	法兰绒	180	2574	14.3
斜纹织物	9568	122513	12.8	斜纹织物	6779	65757	9.7
哔叽绒	92569	639717	6.9	哔叽绒	19564	152599	7.8
小呢	22185	392075	17.7	小呢	4030	49569	12.3

金属和矿产品下 1864 年和 1902 年共有 7 个产品，分别是紫铜、铅块、铁条、铁片、钢、锡和锡板。从贸易数量上来看，7 个产品均有显著增长。增长最明显的是铁片，从 1864 年几乎为零，上升为 1902 年的 6429 担。钢从 8 担增长至 5886 担。铅块的进口数量早在 1864 年达 1.5 万担，到 1902 增长至 2.4 万担，是金属和矿产品类共有产品中，进口量最大的产品。从价格来看，除了锡的价格轻微上升外，其他各个产品价格均有明显下降。其中，价格下降最多的产品是紫铜，从单价 140（海关银）两，下降为 23.8 两，下降了近 6 倍。其次，价格下降明显的是锡板，从 16 两降为 6.3 两，价格下降 2.5 倍。（详见表 6-9）

表 6-9　　近代汉口 1864 年和 1902 年金属和矿产品下共有进口产品价格

共有进口产品							
1864 年				1902 年			
金属和矿产品							
产品名称	数量	价值	单价	产品名称	数量	价值	单价
紫铜	0.1	7	140.0	紫铜	349	8306	23.8
铅块	15430	105130	6.8	铅块	24151	140076	5.8
铁条	128	408	3.2	铁条	4244	12053	2.8
铁片	0.3	2	6.7	铁片	6429	23787	3.7

产品名称	数量	价值	单价	产品名称	数量	价值	单价
钢	8	80	10.0	钢	5886	26487	4.5
锡	647	18473	28.6	锡	1785	62118	34.8
锡板	334	5347	16.0	锡板	1515	9545	6.3

　　杂货类下 1864 年和 1902 年的共有产品较多，共有 39 个。其中食品类杂货有 21 个，非食品类杂货 18 个。食品类杂货主要进口产品包括海带、黑糖、黑椒、八角和黑海参等。按进口数量来看，1864—1902 年增长数量最显著的产品是燕窝、高良姜、砂仁和白糖等。其中，燕窝上等和下等从 1864 年的 2 斤和 1 斤，增长至 1902 年的 1633 斤和 2104 斤。砂仁劣等和优等从 117 担和 2 担，增至 1227 担和 108 担。1864 年进口数量最多的产品是海带，到 1902 年仍维持较高水平。1902 年进口数量最多的产品是黑糖，较 1864 年增长了 8 倍多。按价格来看，总体而言，食品类杂货价格下降不明显，一些奢侈食品的价格反而有所上升。但燕窝随贸易数量的增长，价格明显下降。燕窝上等从 1864 年的 1500 两降至 33.9 两，下降了 44 倍。燕窝中等从 1864 年的 800 两降至 12.4 两，下降了 65 倍。价格增长最明显的是美国人参，从单价 178 两增至 1167 两。但日本人参的价格却从 400 两下降为 196 两。美国人参价格的猛增除了奢侈品价格高昂外，还可能存在运费高的原因。白鱼翅的价格从 90 两增至 138 两。其他食品类的价格变化不大，并没有明显下降，这可能是由于近代食品运输保存技术有限，因此大多食品价格并没随贸易增长和时间推移而降低价格。

　　非食品类杂货主要进口产品包括软木板、棉伞、玻璃窗、铜扣、煤、钟和药等。按进口数量来看，铜扣进口数量的增长无疑最显著，从 1864 年的 100 罗（1 罗 = 144 个）增长至 1902 年的 20.7 万罗。煤从 0.5 万吨增长至 8.5 万吨。软木板从 1 万英尺增长至 93.2 万英尺。药从 13 担增至 6185 担。钟从 257 个增至 9438 个。18 个产品中只有玻璃窗和硬木板的进口数量下降，其中玻璃窗较显著，从 24.1 万盒下降为 1.9 万盒。其余产品进口数量皆有明显增长。按价格来看，较食品类杂货而言，非食品类杂货价格整体有所下降。其中，价格下降最显著的是蓝色颜料，从 1864 年的 3000 两下降至 1902 年的 10 两。其次是樟脑，从 627

两下降至 46 两。价格上升较明显的产品是煤和玻璃窗。(详见表 6-10)

表 6-10   近代汉口 1864 年和 1902 年杂货下共有进口产品价格

共有进口产品							
1864 年				1902 年			
杂 货							
食品类杂货							
产品名称	数量	价值	单价	产品名称	数量	价值	单价
八角	6332	21085	3.3	八角	1319	22687	17.2
黑海参	1378	67310	48.8	黑海参	1375	71638	52.1
白海参	298	4470	15.0	白海参	273	4669	17.1
燕窝上等	2	2940	1500.0	燕窝上等	1633	55359	33.9
燕窝中等	1	976	800.0	燕窝中等	2104	26090	12.4
砂仁劣等	117	2782	23.8	砂仁劣等	1227	27975	22.8
砂仁优等	2	190	105.6	砂仁优等	108	15984	148.0
丁香	686	13725	20.0	丁香	338	5443	16.1
鱼肚	156	9344	60.1	鱼肚	116	12215	105.3
高良姜	45	400	8.9	高良姜	2531	9365	3.7
人参美国	10	1868	178.1	人参美国	14	16345	1167.5
人参日本	7	2784	400.0	人参日本	19	3729	196.3
蘑菇	646	17959	27.8	蘑菇	926	48060	51.9
干贝	11	97	9.0	干贝	151	2507	16.6
肉豆蔻	4	131	32.0	肉豆蔻	86	3208	37.3
黑椒	16511	116036	7.0	黑椒	7320	152256	20.8
白椒	225	3045	13.5	白椒	135	5345	39.6
海带	106069	377477	3.6	海带	130456	319618	2.5
白鱼翅	59	5283	90.0	白鱼翅	310	43028	138.8
黑糖	20300	100717	5.0	黑糖	169557	717226	4.2
白糖	866	6083	7.0	白糖	33645	200188	6.0

非食品类杂货							
产品名称	数量	价值	单价	产品名称	数量	价值	单价
铜扣	100	60	0.6	铜扣	207945	83178	0.4
樟脑	40	25279	627.1	樟脑	86	3939	45.8
钟	257	2469	9.6	钟	9438	20420	2.2
煤	5064	9883	2.0	煤	85444	683552	8.0
槟榔膏	27	188	7.0	槟榔膏	245	1837	7.5
玻璃器皿	0	9	25.7	玻璃器皿	253	4631	18.3
玻璃窗	241377	9655	0.0	玻璃窗	18761	95681	5.1
龙血树脂	1	61	46.6	龙血树脂	49	1367	27.9
拜药	37	449	12.0	拜药	660	6204	9.4
漆器	19	1095	58.7	漆器	45	1814	40.3
药	13	141	10.6	药	6185	74147	12.0
木香	49	1510	30.5	木香	742	12095	16.3
藤	12	39	3.2	藤	168	1176	7.0
硬木板	10134	10134	1.0	硬木板	6711	3020	0.5
软木板	10136	866	0.1	软木板	932354	18647	0.0
蓝色颜料	0	30	3000.0	蓝色颜料	162	1657	10.2
棉伞	9434	5606	0.6	棉伞	180900	90450	0.5
拉卡木	297	2822	9.5	拉卡木	859	2663	3.1

二、1903—1919 年阶段进口产品价格变化

第二段时期里，棉织品下 1903 年和 1919 年共有 69 个产品，主要分为本色市布、本色粗布和细布、粗斜纹布、洋标布、漂白纱布、印花布和染色布这 7 种二级分类。1919 年较 1903 年而言，本色市布的进口数量明显下降，而平均价格轻微上升，从 2.4 两上升为 4.1 两。本色粗布、细布与本色市布的变化情况相似，平均价格由 3.9 两上升为 5.6 两。同样，粗斜纹布由 3.8 两上升为 6.2 两。洋标布由 2.2 两上升为 4.2 两。漂白纱布由 2.2 两上升为 2.5 两。印花布由 3 两

上升为 3.7 两。染色布由 4.1 两上升为 5.9 两。虽然相比 1903 年，1919 年各个种类下产品平均价格均有所增长，但增长幅度极小。相比第一时期内棉织品的平均价格轻微下降，第二时期内棉织品的平均价格轻微增长。（详见表 6-11）

表 6-11　　近代汉口 1903 年和 1919 年棉织品下共有进口产品价格

共有进口产品							
1903 年				1919 年			
棉　织　品							
产品名称	数量	价值	单价	产品名称	数量	价值	单价
本 色 市 布							
英国重 7 磅及以下	35535	69293	1.9	英国重 7 磅及以下	15261	49446	3.2
美国重过 7 磅不过 9 磅	3240	7063	2.2	美国重过 7 磅不过 9 磅	400	1008	2.5
英国重 7 磅不过 9 磅	273353	643073	2.4	英国重 7 磅不过 9 磅	33728	130864	3.9
美国重过 9 磅不过 11 磅	36390	127728	3.5	美国重过 9 磅不过 11 磅	1366	5191	3.8
英国重过 9 磅不过 11 磅	267346	871549	3.3	英国重过 9 磅不过 11 磅	48466	244269	5.0
美国重 11 磅	777565	27234	0.0	美国重过 11 磅	80	320	4.0
英国重过 11 磅	187345	614492	3.3	英国重过 11 磅	15650	101724	6.5
本 色 粗 布、细 布							
美国重过 9 磅不过 11 磅	34600	116256	3.4	美国重过 9 磅不过 11 磅	3650	13213	3.6
日本重过 9 磅不过 11 磅	820	2460	3.0	日本重过 9 磅不过 11 磅	370	1646	4.4
美国重过 11 磅	10885	41798	3.8	美国重过 11 磅	420	2184	5.2
英国重过 11 磅	57443	199327	3.5	英国重过 11 磅	900	5472	6.1
日本重过 11 磅	9080	30327	3.3	日本重过 11 磅	14512	81703	5.6

续表

产品名称	数量	价值	单价	产品名称	数量	价值	单价
美国漂市布	105	407	3.9	美国漂市布	4380	28821	6.6
荷兰漂市布	8009	31315	3.9	荷兰漂市布	2541	15780	6.2
英国漂市布	467214	1714674	3.7	英国漂市布	251827	1510962	6.0
漂白织花布、提花布、条子布、点子布	360	2358	6.6	漂白织花布、提花布、条子布、点子布	784	5284	6.7
粗 斜 纹 布							
美国重 12 磅及以下	46572	191411	4.1	美国重 12 磅及以下	750	5153	6.9
英国重 12 磅及以下	1270	4330	3.4	英国重 12 磅及以下	20	97	4.9
日本重 12 磅及以下	100	335	3.4	日本重 12 磅及以下	21185	99357	4.7
美国重过 12 磅	194480	820705	4.2	美国重过 12 磅	4225	26998	6.4
英国重过 12 磅	10891	40732	3.7	英国重过 12 磅	90	582	6.5
日本重过 12 磅	1540	5329	3.5	日本重过 12 磅	101221	562789	5.6
英国细斜纹布长 30 码	26044	98186	3.8	英国细斜纹布长 30 码	9380	60689	6.5
英国细斜纹布长 40 码	2100	8694	4.1	英国细斜纹布长 40 码	340	2914	8.6
洋 标 布							
英国宽 32 英寸长 24 码	108595	208503	1.9	英国宽 32 英寸长 24 码	877	3411	3.9
日本宽 32 英寸长 24 码	2150	3541	1.6	日本宽 32 英寸长 24 码	36220	129668	3.6
英国宽 36 英寸长 24 码	2693	5741	2.1	英国宽 36 英寸长 24 码	45	195	4.3
英国宽 32 英寸长 40 码	250	735	2.9	英国宽 32 英寸长 40 码	5370	27549	5.1

续表

产品名称	数量	价值	单价	产品名称	数量	价值	单价
漂 白 纱 布							
漂白洋罗长 30 码	684	1484	2.2	漂白洋罗长 30 码	91	229	2.5
印 花 布							
细洋纱、软洋纱、稀洋纱宽 46 英寸长 12 码	3990	5067	1.3	细洋纱、软洋纱、稀洋纱宽 46 英寸长 12 码	200	226	1.1
印花布、市布长过 30 码	114960	308092	2.7	印花布、市布长过 30 码	78479	337459	4.3
印花布、市布长不过 30 码	37966	150725	4.0	印花布、市布长不过 30 码	204	1387	6.8
双面印花布	176753	15377	0.1	双面印花布	9101	1378	0.2
羽缎	8550	66091	7.7	羽缎	460	3418	7.4
洋标布长不过 30 码	37803	97910	2.6	洋标布长不过 30 码	571	1713	3.0
洋红布 25 码	2292	6166	2.7	洋红布 25 码	1252	4269	3.4
染 色 布							
玄素羽缎	106172	739515	7.0	玄素羽缎	121747	976411	8.0
色素羽缎	69383	455846	6.6	色素羽缎	15805	142245	9.0
织花羽缎	25876	187083	7.2	织花羽缎	19207	122348	6.4
织花羽绫	144929	995662	6.9	织花羽绫	5948	25101	4.2
粗斜纹布长 43 码	2369	10494	4.4	粗斜纹布长 43 码	6339	36703	5.8
素市布、粗布、细布宽 36 英寸长 43 码	1859	8142	4.4	素市布、粗布、细布宽 36 英寸长 43 码	6224	36037	5.8
洋标布长 25 码	9418	19590	2.1	洋标布长 25 码	33992	119312	3.5
洋红细洋纱长 25 码	64121	184668	2.9	洋红细洋纱长 25 码	1908	5533	2.9

产品名称	数量	价值	单价	产品名称	数量	价值	单价
洋红市布长25码	2923	8156	2.8	洋红市布长25码	165	186	1.1
冲毛呢宽64英寸	3054	18874	6.2	冲毛呢宽64英寸	1860	9821	5.3
棉法绒素、染色、印花美国长30码	22350	90518	4.1	棉法绒素、染色、印花美国长30码	12089	58995	4.9
棉法绒素、染色、印花英国长30码	3600	13896	3.9	棉法绒素、染色、印花英国长30码	208	1244	6.0
棉法绒素、染色、印花日本长30码	3978	14799	3.7	棉法绒素、染色、印花日本长30码	44599	228346	5.1
棉法绒条纹长30码	2337	8320	3.6	棉法绒条纹长30码	405	1964	4.8
褶皱洋纱	54270	5427	0.1	褶皱洋纱	37953	7439	0.2
织花粗布、方格花布	65027	8453	0.1	织花粗布、方格花布	600	154	0.3
蚊帐纱	30247	6352	0.2	蚊帐纱	43270	15101	0.3
日本棉布	62698	4389	0.1	日本棉布	8160	4269	0.5
日本绉纱	16254	1625	0.1	日本绉纱	1000	139	0.1
天鹅绒、平绒素宽18英寸	137451	31614	0.2	天鹅绒、平绒素宽18英寸	14520	5227	0.4
天鹅绒、平绒素宽22英寸	155328	40385	0.3	天鹅绒、平绒素宽22英寸	168931	83283	0.5
天鹅绒、平绒素宽26英寸	11344	3403	0.3	天鹅绒、平绒素宽26英寸	1830	1338	0.7
染色灯芯绒	54928	19225	0.4	染色灯芯绒	16218	13834	0.9
毯	15597	15597	1.0	毯	25686	27665	1.1

续表

产品名称	数量	价值	单价	产品名称	数量	价值	单价
手帕素、染色、印花	62621	26301	0.4	手帕素、染色、印花	97394	32394	0.3
手帕素、染色、印花日本	425	170	0.4	手帕素、染色、印花日本	28193	13760	0.5
手帕绣花、夹边、有记号	4841	2275	0.5	手帕绣花、夹边、有记号	1400	746	0.5
毛巾方眼、蛇皮宽18英寸长40英寸	11346	5786	0.5	毛巾方眼、蛇皮宽18英寸长40英寸	13353	12287	0.9
毛巾方眼、蛇皮宽18英寸长40英寸日本	12796	6014	0.5	毛巾方眼、蛇皮宽18英寸长40英寸日本	750	540	0.7
毛巾方眼、蛇皮宽过18英寸长40英寸它类	13400	6298	0.5	毛巾方眼、蛇皮宽过18英寸长40英寸它类	620	924	1.5
毛巾方眼、蛇皮宽过18英寸长40英寸日本	9621	3848	0.4	毛巾方眼、蛇皮宽过18英寸长40英寸日本	1130	1311	1.2
棉纱本色、漂白印度	52541	1730685	32.9	棉纱本色、漂白印度	1994	105961	53.1
棉纱本色、漂白日本	285947	9236088	32.3	棉纱本色、漂白日本	68954	3909003	56.7

　　1903年和1919年，毛织和其他织品分类下共有23个产品，主要分为毛绵呢、呢绒、杂质匹货、丝绒和剪绒。相较1903年，1919年大多数毛织和其他织品下进口产品数量有所减少，少数贸易数量激增的产品有洋线袋布、麻袋布、绸缎提花丝兼杂织、绸缎无花丝兼杂织、织锦。这些进口贸易数量增加的产品大多价格有所下降。

　　与棉织品相似，1919年毛织和其他织品的均价较1903年微高。毛绵呢、杂

95

质匹货、丝绒和剪绒这三类平均价格没有明显涨幅，呢绒分类下产品均价由 1903 年的 26.7 两涨至 1919 年的 61 两。其中，价格上涨最明显的是毛绒绳、毛粗细绒裤，其次是素、织花毛羽绫和英国羽毛。另外，素织花毛羽绫、英国羽毛、毛粗细绒裤这 3 个产品的贸易量增长较明显。丝绒和剪绒类价格上涨较明显的是纯丝绒。其他产品价格没有太大浮动。(详见表 6-12)

表 6-12　近代汉口 1903 年和 1919 年毛织和其他织品下共有进口产品价格

毛织和其他织品							
1903 年				1919 年			
产品名称	数量	价值	单价	产品名称	数量	价值	单价
毛　绵　呢							
呢子、骆驼毛布、棉毛布	26653	8529	0.3	呢子、骆驼毛布、棉毛布	17058	6203	0.4
伦头呢、斜纹呢	30102	22877	0.8	伦头呢、斜纹呢	35610	30731	0.9
呢　绒							
毯　毡	33088	13567	0.4	毯毡	1543	1449	0.9
英国羽毛	14292	154354	10.8	英国羽毛	76	2084	27.4
哆罗呢、冲衣著呢、中衣著呢	102697	231068	2.2	哆罗呢、冲衣著呢、中衣著呢	2038	3549	1.7
素、织花毛羽绫	9942	88185	8.9	素、织花毛羽绫	20	480	24.0
哔叽	23650	160584	6.8	哔叽	6252	9394	1.5
花呢	276	193	0.7	花呢	252	797	3.2
它类呢绒	5315	3721	0.7	它类呢绒	6191	11633	1.9
毛粗细绒裤	54	5876	108.8	毛粗细绒裤	319	62205	195.0
毛绒绳	818	82536	100.9	毛绒绳	109	31946	293.1
杂质匹货							
帆布	4357	664	0.2	帆布	6104	2430	0.4
细帆布	14326	2865	0.2	细帆布	10178	3349	0.3
麻袋布	155900	9348	0.1	麻袋布	540000	91044	0.2
洋线袋布	106798	6408	0.1	洋线袋布	1296568	147809	0.1

续表

产品名称	数量	价值	单价	产品名称	数量	价值	单价
丝绒和剪绒							
纯丝绒	1417	3628	2.6	纯丝绒	201	3684	18.3
棉底丝海虎绒	11014	16631	1.5	棉底丝海虎绒	8572	32316	3.8
线兼杂质织	15585	32105	2.1	线兼杂质织	3832	12618	3.3
绸缎无花	3	20	6.7	绸缎无花	54	594	11.0
绸缎提花	150	1355	9.0	绸缎提花	893	7455	8.3
绸缎无花丝兼杂织	4928	19860	4.0	绸缎无花丝兼杂织	8585	25185	2.9
绸缎提花丝兼杂织	3536	17680	5.0	绸缎提花丝兼杂织	10733	28854	2.7
织锦	416	840	2.0	织锦	1333	2196	1.6

1903 年和 1919 年，金属和矿产品分类下共有 58 个产品，主要分为黄铜、紫铜、新铁、旧铁和镀锌铁这 5 类。从进口数量来看，1919 年黄铜分类下产品数量轻微下降，紫铜分类下产品数量有所增长，新铁分类下产品数量增长明显，从 6.3 万担增长至 26.6 万担，而旧铁分类下产品数量则明显下降，镀锌铁分类下产品数量增长了约 1 倍，钢分类下产品数量增长了约 3 倍。其他杂项中，锡块、白铜块、白铜丝的进口数量下降较明显，生镍、它类五金、铁丝钢及铁纱的增长较明显。

从价格来看，较 1903 年而言，1919 年黄铜、紫铜、新铁、旧铁的均价皆轻微提高。黄铜类的平均价格由 33.9 两升至 37.3 两。紫铜类的平均价格由 27.4 两升至 36.3 两。新铁类的平均价格由 6.9 两升至 10.9 两。旧铁类的平均价格由 1.7 两升至 3.1 两。而镀锌铁类的平均价格由 19.1 两降至 10.3 两。剩余杂项中，钢类的平均价格由 11.4 两升至 14.4 两。（详见表 6-13）

表 6-13   近代汉口 1903 年和 1919 年金属和矿物品下共有进口产品价格

金属和矿产品						
1903 年			1919 年			
产品名称	数量	价值	单价	产品名称	数量	价值	单价
黄 铜						
黄铜条、竿	1141	25786	22.6	黄铜条、竿	96	2818	29.4
黄铜阴阳螺旋及配件	23	1272	55.3	黄铜阴阳螺旋及配件	4	252	63.0
黄铜片、板	1032	26213	25.4	黄铜片、板	1611	51871	32.2
黄铜管子	3	172	57.3	黄铜管子	40	1953	48.8
黄铜丝	756	22907	30.3	黄铜丝	1059	27608	26.1
旧黄铜	13	164	12.6	旧黄铜	16	391	24.4
紫 铜						
紫铜条、竿	278	6560	23.6	紫铜条、竿	135	3708	27.5
紫铜阴阳螺旋及配件	6	241	40.2	紫铜阴阳螺旋及配件	2	133	66.5
紫铜锭、块	2743	71867	26.2	紫铜锭、块	1008	37266	37.0
紫铜日本锭、块	37856	791190	20.9	紫铜日本锭、块	64175	1456130	22.7
紫铜钉	1	40	40.0	紫铜钉	1	27	27.0
紫铜片、板	1222	28718	23.5	紫铜片、板	3474	118186	34.0
紫铜管子	21	523	24.9	紫铜管子	235	12229	52.0
紫铜丝	191	6112	32.0	紫铜丝	613	21368	34.9
旧紫铜	34	520	15.3	旧紫铜	5	125	25.0
新 铁						
铁锚及零件	12	54	4.5	铁锚及零件	221	3622	16.4
三角铁	422	1903	4.5	三角铁	15310	85582	5.6
铁条	8107	1377	0.2	铁条	86530	501009	5.8
铁阴阳螺旋及配件	389	258	0.7	铁阴阳螺旋及配件	2148	22402	10.4
铁链及零件	63	258	4.1	铁链及零件	838	4836	5.8

产品名称	数量	价值	单价	产品名称	数量	价值	单价
圈铁	9871	20729	2.1	圈铁	7914	27857	3.5
铁箍	3871	11928	3.1	铁箍	38851	276619	7.1
铁丝元钉	21378	106256	5.0	铁丝元钉	53146	394344	7.4
它类铁钉	471	2011	4.3	它类铁钉	1018	17412	17.1
生铁	4893	8514	1.7	生铁	5460	12582	2.3
剪口铁	2203	3481	1.6	剪口铁	8159	22356	2.7
锅钉	289	1740	6.0	锅钉	830	6705	8.1
铁螺旋钉	66	1129	17.1	铁螺旋钉	557	16399	29.4
铁片、板	5043	16188	3.2	铁片、板	39920	254690	6.4
铁小钉	186	1860	10.0	铁小钉	298	5462	18.3
铁丝	5966	30426	5.1	铁丝	4162	35336	8.5
铁丝绳	303	13332	44.0	铁丝绳	801	24688	30.8
旧　铁							
旧铁条	295	384	1.3	旧铁条	91	226	2.5
旧车轮箍	782	1736	2.2	旧车轮箍	16	75	4.7
旧铁箍	3096	4705	1.5	旧铁箍	25	110	4.4
旧铁板	118	224	1.9	旧铁板	556	1302	2.3
旧碎铁	372	751	2.0	旧碎铁	3227	6454	2.0
旧铁丝	15329	26059	1.7	旧铁丝	4977	16224	3.3
旧铁丝绳	1490	2264	1.5	旧铁丝绳	413	1152	2.8
镀　锌　铁							
镀锌铁丝	750	5325	7.1	镀锌铁丝	26675	258481	9.7
镀锌铁丝绳	238	14280	60.0	镀锌铁丝绳	587	10707	18.2
镀锌铁丝短	3858	13503	3.5	镀锌铁丝短	17304	90154	5.2
镀锌铁块、条	20578	118324	5.8	镀锌铁块、条	13687	109770	8.0
生镍	653	46624	71.4	生镍	1367	77781	56.9
竹节钢	2768	11404	4.1	竹节钢	12837	164698	12.8
钢条	3639	15029	4.1	钢条	12946	166097	12.8
钢箍	203	820	4.0	钢箍	1223	9331	7.6
钢锅钉	4	40	10.0	钢锅钉	4	31	7.8

续表

产品名称	数量	价值	单价	产品名称	数量	价值	单价
钢片、板	521	2622	5.0	钢片、板	4	35	8.8
器具用钢料	2920	29200	10.0	器具用钢料	3354	77142	23.0
钢丝	34	732	21.5	钢丝	31	446	14.4
钢丝绳	22	720	32.7	钢丝绳	468	12995	27.8
锡块	1840	84088	45.7	锡块	316	17134	54.2
白铜块	471	23550	50.0	白铜块	4	237	59.3
白铜丝	160	8000	50.0	白铜丝	15	1049	69.9
铁丝钢及铁纱	70	700	10.0	铁丝钢及铁纱	164	9243	56.4
锌片	757	9235	12.2	锌片	456	9494	20.8
它类五金	323	572	1.8	它类五金	1958	30329	15.5

1903 年和 1919 年，杂货分类下共有 131 个产品。由于杂货下的二级分类所包含的产品较少，大多产品没有二级分类，因而不按二级分类分析。本章将杂货类划分为食品类和非食品类两类，以便更好观察不同类型产品的价格变化①。

食品类杂货下，1903 年和 1919 年共有 48 个产品。按进口数量来看，1919 年食品类杂货比 1903 年增加了 2 倍多，1903 年进口数量为 31.3 万两，1919 年为 70.8 万两。由于数量单位不统一，该总数只能提供较为粗略进口数量增减评估。增长较明显的产品主要是燕窝、各类洋参、黑椒、各类糖和爪哇茶末。数量下降较明显的产品有面粉和锡兰茶末。

按单价来看，1919 年食品类杂货的平均价格比 1903 年增降低了许多。排除没有数量统计的产品，1903 年食品类杂货分类下产品的平均价格为 115 两，而 1919 年降至 34 两，下降了 3 倍多。价格下降较明显的产品主要是各类洋参，其他产品的价格高低变动不大。1903 年，美国洋参的单价高达 1370 两，而韩国洋参高达 1875 两，日本各品级洋参均价为 156 两。而到 1919 年，美国洋参价格跌至 22 两，韩国洋参跌至 32 两，日本洋参跌至 7 两。伴随进口数量增加，洋参产

---

① 杂货类下较多只有价值没有数量统计的商品。因此，在评估商品单价变化时，这类产品不计入考虑。

品价格下降较明显。（见表6-14）

表6-14　　近代汉口1903年和1919年食品杂货下共有进口产品价格

食品类杂货							
1903 年				1919 年			
产品名称	数量	价值	单价	产品名称	数量	价值	单价
八角	1467	24836	16.9	八角	2199	45519	20.7
鲍鱼	232	10834	46.7	鲍鱼	90	4144	46.0
干槟榔衣	1691	4734	2.8	干槟榔衣	1771	1487	0.8
干槟榔	3008	15641	5.2	干槟榔	3667	17675	4.8
黑海参	1962	101239	51.6	黑海参	2427	102007	42.0
白海参	240	3960	16.5	白海参	67	1347	20.1
燕窝上等	1914	65824	34.4	燕窝上等	3769	96939	25.7
燕窝中等	2948	31390	10.6	燕窝中等	5907	88073	14.9
燕窝下等	2424	9938	4.1	燕窝下等	3082	9246	3.0
黄油奶酪	210	10429	49.7	黄油奶酪	557	28084	50.4
砂仁劣等	1411	30760	21.8	砂仁劣等	2179	43841	20.1
砂仁优等	169	25417	150.4	砂仁优等	98	19600	200.0
桂皮	1107	28340	25.6	桂皮	1243	27607	22.2
桂枝	4556	16174	3.6	桂枝	3041	3436	1.1
肉桂	37	3856	104.2	肉桂	158	17696	112.0
蛏干	1118	23814	21.3	蛏干	673	10923	16.2
丁香	383	5706	14.9	丁香	426	7535	17.7
干贝	251	11948	47.6	干贝	716	35571	49.7
蜜饯		9775		蜜饯		5722	
鱿鱼	4836	75925	15.7	鱿鱼	6939	126497	18.2
鱼干	95	881	9.3	鱼干	489	5492	11.2
鱼肚	177	17062	96.4	鱼肚	147	12537	85.3
面粉	9140	38023	4.2	面粉	637	3075	4.8
高良姜	2499	8620	3.4	高良姜	2130	9138	4.3

食品类杂货							
1903 年				1919 年			
产品名称	数量	价值	单价	产品名称	数量	价值	单价
洋参美国	60	82248	1370.8	洋参美国	6339	143071	22.6
洋参韩国	30	56252	1875.1	洋参韩国	952	30836	32.4
洋参日本一等	8	2005	250.6	洋参日本一等	335	7370	22.0
洋参日本二等	46	8847	192.3	洋参日本二等	300	960	3.2
洋参日本三等	22	2281	103.7	洋参日本三等	3004	7119	2.4
洋参日本四等	86	6848	79.6	洋参日本四等	767	1381	1.8
皮胶	2112	32736	15.5	皮胶	3313	81964	24.7
鱼膠		40705		鱼膠	984	83138	84.5
蘑菇	1091	61314	56.2	蘑菇	2484	131254	52.8
淡菜	206	2832	13.7	淡菜	448	7065	15.8
肉豆蔻	77	2718	35.3	肉豆蔻	232	6929	29.9
陈皮	684	6394	9.3	陈皮	473	8041	17.0
黑椒	9291	183962	19.8	黑椒	14009	271215	19.4
白椒	231	8708	37.7	白椒	243	8087	33.3
黑鱼翅	16	1120	70.0	黑鱼翅	41	3087	75.3
白鱼翅	338	46982	139.0	白鱼翅	332	48294	145.5
净鱼翅	206	34402	167.0	净鱼翅	138	23638	171.3
黑糖	100820	422436	4.2	黑糖	182158	812424	4.5
冰糖	20837	153152	7.4	冰糖	34949	298114	8.5
车白糖	92704	477426	5.2	车白糖	377041	2752409	7.3
白糖	12922	76627	5.9	白糖	17527	108668	6.2
锡兰茶	30	1212	40.4	锡兰茶	13	517	39.8
锡兰茶末	27975	643425	23.0	锡兰茶末	4547	100943	22.2
爪哇茶末	1763	40549	23.0	爪哇茶末	15450	232986	15.1

非食品类杂货下，1903 年和 1919 年共有 72 个产品，较食品类杂货多。按进

口数量来看,1919 年进口非食品类杂货产品数量比 1903 年有所下降,1903 年为 2719 万,而 1919 年为 2038 万。同理,该总数所统计的各个产品数量单位不一样,只能提供大致进口数量增减评估。增长较多的产品主要有蜡烛、火柴木①、针、矿质机器油、纯碱和铁路枕木,既有日用品,又有生产和铁路建设物品。铁路枕木的进口数量较 1903 年增加近 3 倍,与近代汉口修建铁路的历史相契合。由于铁路建设的需要,20 世纪初汉口进口铁路枕木明显增长。进口数量减少较多的产品主要是麻袋、蒲袋、铜扣、高级纽扣、水泥、煤、玻璃窗、席、煤油。

按产品价格来看,1903 年非食品类杂货分类下产品的平均价格为 9 两,而 1903 年的平均价格为 27 两,上升了 3 倍。这与食品类杂货分类下产品平均价格的变化正好相反。如同排除 1903—1919 年其他因素的干扰,比如说通货膨胀、货币贬值或增值、汇率变化等因素,同样情况下,非食品类杂货类下产品价格增长,而食品类杂货类下产品价格下降。同时可以发现,非食品类杂货类下产品进口数量下降,而食品类杂货类下产品进口数量上升。这在一定程度上反映了进口贸易数量增长,有助于产品价格降低。据观察发现,较 1903 年而言,1919 年价格上升较明显的产品是羽毛带、皮革、玻璃窗、血竭、印刷纸、木香,而价格下降较明显的产品极少。具体价格数据见表 6-15。

表 6-15　近代汉口 1903 年和 1919 年非食品杂货下共有进口产品价格

| 非食品类杂货 | | | | | | | |
| 1903 年 | | | | 1919 年 | | | |
产品名称	数量	价值	单价	产品名称	数量	价值	单价
新麻袋	1120200	89616	0.1	新麻袋	127576	9373	0.1
旧麻袋	4697788	354097	0.1	旧麻袋	3487650	250818	0.1
蒲袋	122450	6490	0.1	蒲袋	24740	693	0.0
机器皮带		29293		机器皮带		65924	

① 火柴的制造方法是鸦片战争后从国外引进的,在近代属于手工制造业。近代设立资本在 10 万元以上的火柴企业为上海荧昌、汉口燮昌、长沙和丰、天津华昌、济南振业、沈阳奉天 6 家。汉口燮昌厂资本为 42 万元,工人有 1900 余人,在汉口享有 15 年的制造专利权。参见吴承明:《中国资本主义发展史》,人民出版社 2003 年版,第二卷第四章第四节。

续表

非食品类杂货							
1903 年				1919 年			
产品名称	数量	价值	单价	产品名称	数量	价值	单价
卷线轮		3550		卷线轮		14701	
书籍		11318		书籍		11503	
硼砂	1632	25297	15.5	硼砂	463	6181	13.3
锦盒	18639	24100	1.3	锦盒	22146	36131	1.6
羽毛带	54182	14629	0.3	羽毛带	26	8357	321.4
铜扣	231550	99566	0.4	铜扣	83479	32724	0.4
高级纽扣	90562	50715	0.6	高级纽扣	2264	2418	1.1
蜡烛	1634	34477	21.1	蜡烛	8156	152962	18.8
箱子		63329		箱子		6521	
水泥	85740	101514	1.2	水泥	17341	18728	1.1
化学制品		32544		化学制品		9631	
纸烟		53081		纸烟	24870	183789	7.4
雪茄		16513		雪茄	1896	33407	17.6
钟表	20200	40947	2.0	钟表	32995	47540	1.4
衣服		26555		衣服		10773	
煤	83487	653702	7.8	煤	23736	238072	10.0
扎棉花机器零件		66039		扎棉花机器零件		17085	
融金泥碗		52455		融金泥碗		65319	
各色染料		329405		各色染料		336981	
粗葵扇	10048135	62299	0.0	粗葵扇	10930460	83071	0.0
细葵扇	860788	9125	0.0	细葵扇	814000	8791	0.0
锉		4414		锉	4396	2682	0.6
火泥	6084	38932	6.4	火泥	2714	3325	1.2
家具		11741		家具		17098	
玻璃窗	23827	125092	5.3	玻璃窗	103	1585	15.4
玻璃器		46389		玻璃器		18096	

非食品类杂货							
1903 年				1919 年			
产品名称	数量	价值	单价	产品名称	数量	价值	单价
血竭	37	1059	28.6	血竭	68	5295	77.9
乳香	381	3239	8.5	乳香	750	6742	9.0
女红用品		30088		女红用品	129	1588	12.3
硝皮料	210	5938	28.3	硝皮料	108	2949	27.3
橡皮		5071		橡皮		1007	
科学仪器		17894		科学仪器		2892	
镂空花边		7149		镂空花边		7727	
灯和灯器		40420		灯和灯器		9560	
皮革	387	10062	26.0	皮革	38	15314	403.0
机器零件		139832		机器零件		10457	
火柴木日本	90247	22562	0.3	火柴木日本	178800	77784	0.4
玻璃和金刚砂粉	7307	15784	2.2	玻璃和金刚砂粉	2631	7350	2.8
标签	486	12616	26.0	标签	135	4030	29.9
磷	358	32864	91.8	磷	653	65991	101.1
木梗	61351	122702	2.0	木梗	43752	92760	2.1
木片	4704	11525	2.5	木片	16290	42215	2.6
席	1005288	57501	0.1	席	730	1650	2.3
药材		111614		药材		20732	
音乐器材		7138		音乐器材		8558	
针	599525	130396	0.2	针	909088	368181	0.4
矿质机器油	2853	1226	0.4	矿质机器油	371203	129178	0.3
苏门答腊煤油	947000	179930	0.2	苏门答腊煤油	183470	58527	0.3
苏门答腊桶煤油	6859601	1200431	0.2	苏门答腊桶煤油	2623101	605936	0.2
绿漆	249	1370	5.5	绿漆	1508	1878	1.2
印刷纸	3852	9438	2.5	印刷纸	2201	35647	16.2
纸未分类	509	3262	6.4	纸未分类	1188	15586	13.1

续表

非食品类杂货							
1903 年				1919 年			
产品名称	数量	价值	单价	产品名称	数量	价值	单价
香水		13101		香水		50475	
照相器材		11993		照相器材		29644	
铅印、石印材料		3326		铅印、石印材料		2479	
木香	1068	17569	16.5	木香	470	40420	86.0
铁路材料		873477		铁路材料		161691	
枕木	108860	106883	1.0	枕木	347982	429977	1.2
藤皮	1102	10800	9.8	藤皮	284	1886	6.6
沙藤	358	2828	7.9	沙藤	1094	7139	6.5
麻绳	647	9964	15.4	麻绳	135	2842	21.1
檀香	16571	222051	13.4	檀香	17678	178547	10.1
大风子	289	722	2.5	大风子	277	1950	7.0
皮鞋、皮靴	4650	13950	3.0	皮鞋、皮靴	1191	3908	3.3
肥皂		19086		肥皂		177146	
纯碱	3341	13364	4.0	纯碱	70079	198323	2.8
文具		18016		文具		50720	
家用杂物		70934		家用杂物		13699	

　　综上所述，从对 1864—1919 年近代汉口进口产品价格分析可以发现以下结论。在第一阶段里，1864 年和 1902 年共有的可计算单价的进口产品中：（1）1864 年棉织品的均价为 5.3 两，1902 年为 5 两。（2）1864 年毛织和其他织品的均价为 11 两，1902 年为 11.4 两。（3）1864 年金属和矿产品的均价为 30.2 两，1902 年为 11.7 两，价格下降了 18.5 两。（4）1864 年食品类杂货的均价为 159.9 两，1902 年为 100.5 两，价格下降较明显，降低了 59.4 两。（5）1864 年非食品类杂货的均价为 213.6 两，1902 年仅为 11.9 两，价格下降最为明显，降低了 201.7 两。按价格下降程度从高到低排序，分别为非食品类杂货>食品类杂货>金属和矿产品>棉织品>毛织和其他织品。非食品类杂货和食品类杂货的进口产品数

量分别占 1864 年和 1902 年所有类型进口数量最大比重，且品种最多。同时，1864—1902 年，非食品类杂货和食品类杂货的进口产品数量也增长最多。这在一定程度上证明，进口产品种类越多、数量越多，价格下降越明显。

在第二阶段里，1903 年和 1919 年共有的可计算单价的进口产品中：1903 年棉织品的均价为 3.6 两，1919 年为 5.3 两。（2）1903 年毛织和其他织品的均价为 11.9 两，1919 年为 26.2 两。（3）1903 年金属和矿产品的均价为 17 两，1919 年为 21.5 两。（4）1903 年食品类杂货的均价为 115.3 两，1919 年为 35.1 两。（5）1903 年非食品类杂货的均价为 8.5 两，1919 年为 26.8 两。虽然除了食品类杂货，其他各类产品的均价皆有所上涨。但总体来看，1919 年各类产品的总均价仍较 1903 年下降了不少。与第一阶段相似，进口商品种类和数量的增加与商品价格的降低具有紧密的关联性。

三、商品价格变化与贸易利益之间的关系

尽管不同阶段各类型商品价格变化存在区别，但总体而言，自汉口开埠后随着商品种类和贸易数量的不断增加，商品价格整体呈下降趋势。根据第一章所提到的产品种类理论，当某一地区从封闭的经济走向开放经济，进口产品种类增加会导致价格下降从而提高消费者福利。而近代汉口商品种类的增加无疑是由对外开放所带来的。

随着汉口对外开放的发展，从 1864—1919 年的 56 年间，近代汉口进口产品种类增加了 735 种。且汉口直接进口贸易有明显增长，逐渐同间接进口具有相似的重要性。若按不同类型产品种类增长来看，四种类型按年均增长率由快到慢排序分别是金属和矿产品、杂货、棉织品以及毛织和其他织品。按增长数量来看，增长数量从高到低分别是杂货、棉织品、金属和矿产品以及毛织和其他织品。除金属和矿产品外，其他三种类型的产品都与居民生活息息相关，属于日常百货用品。这些类型产品种类的丰富将直接增加居民对物质生活需要的满足感。而金属和矿产品下种类的增加与近代汉口工业发展紧密联系，本地工业工厂的发展极大提高了生产力水平。本地生产的商品较外国商品具有交通运输成本低的优势，本地商品进入市场后与外国商品相竞争，会促进商品价格的下降。

从实际分析各种商品价格变化可以看出，1864—1902 年共有产品整体价格有

所下降，而 1903—1919 年共有产品价格下降较显著的是占数量和比重最多的杂货类产品。虽然由于近代数据有限的原因不能具体分析通货膨胀对实际价格变化的影响，但从现有贸易数据来看，商品种类增加所带来的价格下降趋势较清晰。如假设 1864—1919 年存在通货膨胀，即使在通货膨胀对价格的影响下，近代汉口进口产品价格仍保持下降趋势，那么实际贸易利益将高于不考虑通货膨胀的情况。本章节对近代汉口进口商品种类和价格的分析在一定程度上论证了开放型贸易所引起的商品种类增加和商品价格降低会提升贸易利益。

第七章　近代汉口关税的发展与变迁

　　根据文献综述中所介绍的关于关税税率变化会影响贸易利益的理论，本章将主要探讨近代汉口关税变化对贸易的影响。过去的文献指出，关税削减会降低商品价格、降低国内消费品价格和消费者支出。贸易自由化不仅会提升消费者福利水平，还会促进消费者间福利分布公平化。而保护关税政策会使供应链网络发生重大变化。进口品种供应的减少将会使关税转嫁到进口商品的价格上。同时，贸易壁垒总体上不利于进口多样性的提升。

　　但是由于近代实行协定关税政策，各地关税税率虽有差异，但全国整体的关税税率长期保持在极低水平。极低的关税水平是否有助于贸易自由化？是否促进了贸易增长？是否提高了贸易利益？这些问题将是本章主要关注的重点。

第一节　近代关税制度的历史背景

　　近代百年社会动荡，近代关税发展史与战争和政治变革有着紧密联系。在研究近代汉口关税前应整体了解近代中国关税体制变化及其历史背景。通过整理分析近代汉口关税变化可以深入了解汉口贸易利益发展。

一、协定关税制度

　　近代中国实行的是协定关税制度。清朝早期有一套自己的关税制度。清政府沿袭明制，在交通要道、主要关隘或商品集散地设置税关，称为"钞关"，又称为"榷关"。钞关向往来的船只和货物征收纸钞。船只按尺寸作为计税依据，而货物则从价计征。不同钞关税制各不相同，但已开始对不同规格和种类产品按不同等级的税额征收管理。比如，1729 年淮安关对 836 种不同规格的商品按 77 个等级征收税，税额从 1 分银到 3 两银不等。清朝前期的钞关制度已经拥有了现代海关制度的雏形，是清政府重要的征税机构，也是赋税主要来源之一。以 1830 年代后期各类货物的价格和所纳税额为参考，广东粤海关出口货正税平均税率在 2% 左右，实征税费率在 10% 左右（吴义雄，2009）。无论是规定税率还是实征税率，中国关税税率都远低于同一时期的西方国家，这也正是对华贸易极具吸引力的原因。

中英鸦片战争后，清政府丧失了关税自主权和海关行政权。为区别于对外开放的通商口岸，原有的钞关被称为常关，照旧征收船税和货物税。1901 年清政府签订《辛丑条约》，条约规定所有距通商口岸 50 里内的常关移交海关管理，其关税收入用作庚子赔款。这令清政府的海关管辖范围大面积减少。因此，1901 年后有受海关管理和不受海关管理的常关之分。直到 1931 年，民国政府裁撤常关税，常关制度才正式结束。传统常关制度是近代中国政府的税收主要来源之一，另一个来源是新式海关，即通商口岸，而新式海关制度深受各条约影响。

1844 年确定了协定关税制度。随后签订的不同协定降低了进口货物的实际征收税率。1858 年条约规定了进出口海关税率"值百抽五"的原则。"值百抽五"是指海关对进出口货物一律按时价征收 5% 的关税。但不少学者研究发现，实际税率要低于 5%（关海庭，2000；夏国祥，2006）。"值百抽五"的关税率使中国关税长期维持在较低水平，这对中国近代贸易造成深远的影响。实行协定关税制度后的中国税率与其他西方各国差距比实行协定关税制度前更大①。较低的关税一方面令外国商品迅速进入中国市场，不断扩大进口贸易，带动了贸易发展，使闭关锁国的中国回归国际市场，重新开启了与世界交流、进步的新时代；但另一方面对中国市场的倾销也严重损害了国内商业的发展，使大量白银外流，减少了国家财富，加剧了清末中国的积贫积弱。

二、外籍税务司制度

晚清政府自鸦片战争后一直未能重新掌控关税主权，海关主要由外籍人员管

---

① 参见严中平主编：《中国近代经济史（1840—1894）》，人民出版社 1989 年版，第 223 页的有关文字和表格。

理，海关统计制度也仿照西方海关制度设立。而原定掌管关税的最高职位——海关监督，其职能受到种种限制，职权被不断削弱。新式海关建立后，中国海关机构实际上运行双轨制度：既有清政府任命的海关监督和地方管辖的钞关，又有外籍税务司统管通商口岸海关事务。但这种双轨制的平衡很快被打破，外籍税务司制度的权力不断增强，特别是 1901 年后税务司的管辖范围一再扩大。1911 年武昌起义后，各国以中国财政紊乱、不能履行以关税担保各种外债的义务为由，要求将关税收支权交由外籍总税务司管理。清政府为了使汉口税款不落到起义军手里，将海关监督手中的最后一项重要权力——江汉关关税保管权交给外籍税务司。辛亥革命后，江汉关监督的职能就只剩下选任书办、负责通商口岸海关和常关的单照、查核所征税项。到 1937 年，国民政府宣布"各海关监督一律裁撤，仍留监督一员分驻该管税务司署办公"。次年，江汉关监督裁撤，将所辖文卷、财产移交税务司，并入税务司署办公。1945 年，监督一职被正式裁撤，由税务司统一主管海关一切事务，结束了实行两百余年的海关监督制度。

中国海关事务自 1859 年起由外籍总税务司统管。总税务司的主要职责是为中国政府收取关税，同时负责将新式海关制度推广到中国各处的海、河港口及内陆关口，将海关的运作制度化，并提高海关的效率和诚信度。总税务司工作语言为英语。英国人李泰国（Horatia Nelson Lay，1833—1898）为第一任总税务司，1863 年赫德继任。赫德继任后在华担任晚清海关总税务司一职长达半世纪之久，直到 1908 年因病回国。1910 年安格联（Francis Arthur Aglen）接任总税务司，直到 1927 年被免职。赫德建立的海关制度在近代发挥了重要的作用，并在一定程度上推动了国际贸易的现代化。赫德创建的新式海关管理制度主要包括税收、贸易统计、人口统计、轮船统计和检疫等方面。此外，近代总税务司建立了中国现代邮政系统，还负责修建沿海港口的灯塔和气象站。

三、近代政府对关税权益的争取

辛亥革命后，中国政府在关税自主上作出一系列努力。第一次世界大战爆发后，北洋政府制定《加入协约国条件节略》并在巴黎和会上提出将进口税提高到12.5%。1925 年，北洋政府规定了关税征收的最高额和最低额等。1927 年，南京国民政府成立后宣告关税自主。在时任关务署署长张福运的建议和运作下，海关最终被纳入了国民政府管理体系并进行改革。这次关税改革使中国对外贸易和海关关税获得了突飞猛进的增长，具体变化会在本章中讨论分析。

1929 年 1 月 1 日，国民政府裁撤厘金，结束了始自 1853 年的厘金制度。同时，国民政府开始在地方开征营业税划归地方，还有所得税、遗产税、印花税等直接税种，形成了现代化意义的分税制。国民政府还提出关税税率以 5% 为基础，附加税 5%，奢侈品最高税率 30%。日、美、英各国均提出不同方案，但大体承认 5% 基础上附加 2.5%，奢侈品加 5% 的原则。1929 年 2 月 1 日，南京国民政府实施新关税税率。其中，出口税未做变化，保持在 7.5% 的水平；而进口税将之前的"值百抽五"改为七级等差税率，最高税率达 27.5%。此次税率的调整，使关税收入从 1928 年度的 8000 万海关银提高到 1930 年度的 1.8 亿海关银，再到 1940 年的 4.8 亿海关银。关税自主后，中国政府多次调整税率，为当时经济贸易发展发挥了巨大的作用。1937 年"七七事变"后，27 个总关和 3 个分关相继沦陷关闭，其中包括汉口、宜昌、九江等长江沿线关口。沦陷区海关被夺后，关税损失严重。近代汉口关税发展与全国关税体制变革和政策变化紧密相连，其关税水平波动不仅源于贸易变化，更与政治因素息息相关。因此，在分析汉口海关税率变化时，历史背景因素具有重要影响。

近代进口税是海关业务的核心部分。从 1843 年开始，税率大多按清政府之前实行的关税率水平制定，但实际执行情况往往与制定的关税率水平不符。从 1858 年开始，进口关税税率按条约要求"值百抽五"（鸦片、茶叶和生丝除外），并按以往几年的记录，对进口货值逐步进行调整，使"值百抽五"制度进入正轨。直到 20 世纪 20 年代，中国进口税率常年保持在较低水平。另外，出口税率基本与进口税率相同，除了若干特殊商品外，均实行 5% 的从价税。近代中国进口税远低于其他主要贸易国，属于畸形的低税率。该税率水平一直维持到 20 世纪 30 年代。

四、江汉关的税务管理

在近代关税制度的大背景下，汉口海关一方面服从中国海关管理，另一方面有一定的地方发展自由。江汉关成立之初，经费由上海海关拨归，最初经费仅有700 两。1863 年，总税务司李泰国以各地关口大小，拟定经费。不久后，提出依各口所征关税为基准抽取 10%、最多不超过 15%作为经费。由于使用提成收费制，因此刺激了江汉关积极发展对外贸易的动力，为吸引更多进出口商人来汉经贸以增加税收而不断提高自身管理水平。到 1875 年，江汉关所征总关税为 145 万两，每月经费达 1 万两。江汉关将税款的征收和储存分部门管理。税务司负责征收关税，而海关监督负责保管税款，两者互相核对、相互监督，并共同负责整体关税征收到上交流程的顺畅。江汉关制成的税收报告按季分送海关监督和总税务司。

第二节　近代主要关税税种

近代海关统计的税种主要包括进口税（Import Duties）、出口税（Export Duties）、复进口税（Coast Trade Duties）、内地子口税（Transit Duties）、厘金（Likin）和吨税。

一、进口税

进口正税顾名思义是进口货物直接进入国内通商口岸时缴纳的关税。《中英五口通商章程》规定："凡属进口新货，例内不能赅载者，即按价值若干，每百两抽银五两。"[①] 虽然原则上是值百抽五，从价征收，且不准修改税率，但由于自 19 世纪初银贵钱贱的问题不断加深，物价上涨，但税率不变。因此实际征收的税额远不足名义规定的 5%。另外，随着英国生产力的迅速提升，海关税则所不载的进口货物不断增加，但都按 5%的低税率纳税。凡在某个口岸缴纳了进口税的货物在 1 年以内（后延长为 3 年）可免税转运其他口岸。值得注意的是实际进口税额会受不同时期条约影响，并根据不同地域和种类的商品而有所差异。

二、出口税

出口正税是本国货物出口时征收的税种。同时，由于外籍船只可以贩运国内

[①] 《通商章程》还规定："凡系进口、出口货物，均按新定则例，五口一律纳税，此外各项规费丝毫不能加增。其英国商船运货进口及贩货出口，均须按照则例，将船钞、税银扫数输纳全完，由海关给发完税红单，该商呈送英国管事官验明，方准发还船牌，令行出口。"

商品，因而这些转运船只也需缴纳出口税。出口税率与进口税率一样长期被固定为从价征收 5%。西方国家为了保护本国工业，重征进口税，而近代中国因为协定关税制度则恰好相反。从 1858 年确定 5% 的税则，到 1894 年甲午中日战争的 36 年间，由于进出口货物的价格不断下降，尤其是出口货物价格的下降尤甚，导致出口税额不断降低。进口正税和出口正税是一国关税的基本税种，自古已有，不是具有时代特征的税种，但这种不分进口出口，也不分商品种类统一按值百抽五的税率课税，是近代独有的协定关税特征。下面罗列的复进口税、子口税和厘金是近代时期产生的特殊税种。

三、复进口税

复进口税是仅次于进出口正税的第三项重要税种，又叫沿岸贸易税。由于征收的税率为进口正税的一半，因而又称进口半税。近代时期外籍船只可以承运国内贸易运输，因此该税是专为外籍船只设立的税种。复进口税是指，当外籍船只将土货（国产货物）从一个通商口岸运输到另一通商口岸内销时，需按进口正税的一半缴纳复进口税。对于税则上未列名货物，按价值百征 2.5%。由于缴纳复进口税的外籍轮船可以避免许多苛捐杂税，外籍轮船迅速占领了土货运输市场，国内帆船运输业受到严重打击。1867 年赫德针对中国自置轮船和购买的样式轮船草拟暂行章程《华商置用洋商火轮夹板等项船只章程》。该章程规定华商轮船按洋商轮船征税，享有复进口税待遇，由海关管理。到 1873 年后轮船招商局设立之后，这项章程才付诸实施。海关同时向外籍船只和参与土货运输并按协定税则缴税的华船征收复进口税。

当外籍船只从一个口岸运载货物到其他口岸，需缴纳两种税：一是按照条约规定在出口口岸缴纳出口税，二是沿岸贸易税，税额为出口税的一半。外籍船只拥有了运输中国货物的沿海贸易权。1898 年，改为出口税在装货口岸征收，复进口税在卸货口岸缴纳。1899 年后，长江各口复进口税的征收方法跟沿海各口岸一致，长江土货运输原本在装货前预付的复进口税被废除了，改为均在所进各口完纳正税和复进口税。该税种一直延续到 20 世纪 30 年代。

四、内地子口税

内地子口税起始于 1842 年的中英《南京条约》。凡外商以进口洋货转输内地，或从内地收购国货转输通商口岸出口，除征收进出口海关税外，只需按海关税的一半，交纳一次2.5%的子口半税，即可通行全国，不再交纳任何税款。洋货子口半税，在进口时，同海关税一次完纳。

1861年的《通商各口统共章程》使各国商人享有英商同等权益。1876年中英《烟台条约》中规定，不分华商、外商，均可在行销洋货的过程中享受子口税特权。虽然该条约允许华商和外商都可申请子口单，但这项规定在实际实行后，由于外商享有的各种特权，许多华商通过外商购买子口税单来逃避子口税。这种现象使子口税单本身具备了买卖的利润空间，外商通过条约特权获得子口税单，再将子口税单转卖给华商，获得了双倍利益。

1895年的中日《马关条约》规定，子口税的行使范围进一步扩大，通商口岸的外籍工厂所生产的产品也享受缴纳子口税特权，并且外商在中国内地采购的原料也享受这一待遇。至此，子口税的覆盖对象进一步扩大，外商在华贸易享有更多优惠待遇。在土货外销方面，内地税高出子口税一倍，因此更多华商愿意依附于外商缴纳子口税来逃避内地苛税。1898年，清政府准许缴纳完子口税的货物可以随地销售，而非过去所规定的运送到缴税时申报的地点方能销售。子口税一直沿用到1930年。1931年，南京国民政府废除厘金和子口税制度。

子口税主要在长江沿线征收，并未在全国范围广泛推行。汉口属于第二次鸦片战争后相继开放并设置子口税的14个港口之一。外商享有内地子口税特权，无论是将进口货物输送至内地，还是自内地运输土货至其他口岸，都比"逢关纳税，遇卡抽厘"的华商要缴纳更少关税。内地子口税同样大大便利了进口货物进入内地市场，还催化了部分不堪税赋的华商走向买办贸易，利用子口税照单来逃避厘金，这样更加扩大了进口货物的贩销。

五、厘金

厘金是晚清政府征收的商税，始于1853年。由于值百抽一，故称厘金。为筹集镇压太平天国运动的军饷，清政府在各地设厘金局和各分卡，负责厘金征收工作。厘金共分四类，即百货厘、盐厘、洋药厘和土药厘。洋药厘划归海关税项下，土药厘与土药税合并。因此，通常所说的厘金，一般是指百货厘而言。鸦片厘金，是专门针对进口鸦片征收的税种。厘金和常关为国内贸易自由发展设下了重重阻碍，呼吁政府废除陆路、水路和铁路沿线厘金关卡的要求最早在 1902 年的商业条约中就有所反映。1911—1925 年中国海关对常关的监管不断减弱，1913 年停止监管盐厘，到 1931 年财政部正式废除厘金。

六、吨税

针对外籍船征收的关税称为吨位税。该税始于 1843 年，《五口通商章程》规定，外籍船依据登记的吨位缴纳常规吨税，每吨相当于中国容量单位 122 斗（1 斗 = 10 升）。所有纳钞旧例及出口、进口日月规各项费用，均行停止。这一税种取代了清朝早期海关的高额船舶税"船钞"，以及其他多种进港费和离港费。同年《五口通商附粘善后条款》规定凡 150 吨以下航行省港澳航线的船只每吨纳税 1 钱。该规定将吨税削减到旧"船钞"的 2/10 及以下水平。1844 年的《五口通商章程：海关税则》规定航行中国江海的外籍船只，不论是来自外洋，还是来自中国其他口岸，不论是否开舱卸货，每进口一次，只需纳一次吨税，每吨纳税 5 钱。然而华商船只并无这样的优惠规定，因此这些规定为外籍船只在华运输提供特殊优待条件，而华船则在航运业受到歧视待遇。1858 年的《天津条约》进一步降低该税税率。同时，改 150 吨以上船只每吨纳钞 5 钱的规定改为每吨纳钞 4 钱。

1868 年，清政府给予菲律宾和中国通商各口航线上的西班牙商船同样优惠待遇。这一规定的后果导致吨税税收严重缩水。中国海关吨税开支中有一部分用于建造航标。1865 年，用于建造航标的费用占吨税开支的近 1/10，1868 年涨为 7/10，剩下 3/10 由总税务司赫德掌握开支。

第三节　近代汉口关税数据分析

由于近代协定关税制度深受各种条约影响，近代汉口关税变化需要结合历史背景并根据当地统计的实际情况具体分析。

一是需要注意各税种的实际征收情况在不同港口的差异。由于大多数进口商品在抵达上海港（长江入海口）或其他沿海港口时就已缴纳了"值百抽五"的进口正税，这些进口商品后经长江航运转运到汉口后，不用再缴纳进口税。因此，汉口港统计的进口税不能反映通过其他港口转运到汉口的进口商品税额。根据本章的数据分析证明，汉口的直接进口商品远远低于间接进口商品。由于近代特殊的协定海关制度和海关统计方式，汉口进口税额反映直接进口商品的税额，大量转运进口商品被排除在外。因而，用进口税和进口净值数据估算出来的近代汉口关税水平，难以准确表达当时的实际关税水平。但根据现有近代汉口关税数据，仍可有效观察汉口开埠后至民国中期各项关税的发展变化，并可以比较关税与进口贸易发展之间的关系。

二是需要注意不同时期关税统计方式的调整。关于近代汉口关税统计，由于不同时间段有细微统计调整，因此做以下说明。（1）初始统计方式：1864年和1866年。1864年和1866年汉口关税主要按以下三个部分进行统计：a. 由上海港入境的汽船（Steamer）；b. 由镇江港入境的轮船（Ship）和三桅帆船（Lorcha）等船只；c. 外籍商人拥有的国内船只或挂有外国旗帜的船只。每部分下面按进口来源国进行细分。该时期的税种包含：出口吨税、出口税（细分为一般商品税和茶叶税）、复进口税（同样分为一般商品税和茶叶税）和进口吨税。（2）第一次细微调整：1867—1869年。1867年，税收统计表格进行细微调节，不再按之前的三个部分统计，内容更为简化。调整后的统计税种改为：进口吨税、进口税（Full Import）、进口复税（Half Import）、出口税、复出口税和出口吨税。另外，在统计表下单独增加进口产品的内地子口税（Transit Duties on Foreign Goods）和国内产品的内地子口税两项的统计。进口产品的内地子口税统计始自1867年，1864年和1866年没有该项统计。（3）第二次细微调整：1870—1880年。从1870年开始，进出口吨税合计为一项，不再细分为进口吨税和出口吨税，只按不同国籍进行进出口吨税合计。这项改变导致无法单独统计近代汉口进口吨税变化，只能观察进出总吨税变化。（4）第三次细微调整：1881—1913年。从1881年开始，由于鸦片的特殊性和海关条约的调整，进出口鸦片税被单另列出，其他税项的统计项不变。近代汉口的鸦片进口税一直统计到1899年。同时，1881—1899年，进口税的税额等于除去鸦片进口税后的数额。1887年开始统计鸦片厘金。1892年开始统计鸦片复进口税，但是由于所统计的税额极低，几乎可以忽略不计，因而不做详细分析。从1900年开始，统计税种再次进行简化，改为进口税、出口税、复进口税、吨税、内地子口税和鸦片厘金六项。鸦片厘金于1913年结束统计。（5）第四次调整：1914—1930 年。统计税项简化为五项：进口税、出口税、复进口税、吨税和内地子口税。（6）第五次调整：1930 年后。1931 年关税统计税种进行了一次大调整：复进口税和内地子口税被取消，新增三项税种转口税（Interport Duty）、进出口附加税（Revenue Surtax）和救灾附件税（Flood Relief Surtax）。从 1932 年开始，海关报告中不再统计总进口净值，而是变为直接进口总值。1933 年调整统计价值单位，由海关两改为国币（法币）。虽然 1931 年后全国海关的汇总报告里同时存在"海关两"和"国币"两种价值单位，但各个港口的海关统计报告里只以"国币"为价值单位。由于 1931 年后统计税项和统计价值单位与 1864—1930 年有巨大差别，为了保持数据分析的连贯与完整性，本章主要分析 1864—1930 年的汉口关税变化。

一、近代汉口进口正税

由于近代海关不断进行税项和统计格式的调整，在分析近代汉口关税时本书主要遵守统计数据连贯性原则对数据进行整合，以便观察近代汉口各项税种的变化。进口正税（Import Duties）是近代对外贸易的重要税种之一。江汉关成立之初只对国内民船征收出口税和船钞，从 1863 年开始，对洋货征收 5% 的税值。

根据《中国旧海关史料：1859—1948》所整理出来的原始数据，1864—1930 的 67 年，近代汉口进口税的年均增长率为 9.54%。从 1864 年首次统计到 1899 年的 36 年间，汉口进口税一直处于极低的水平，均低于 10 万海关两。从 1900 年开始才逐渐有所增长，特别是统计后期增长显著。图 7-1 具体表示了近代汉口进口正税的历年变化。

根据图 7-1 所示，1864—1930 年汉口进口正税发展主要可分为两个阶段：一是 1864—1899 年发展低迷时期，二是 1900—1930 年显著发展时期。

在第一阶段中，1864 年汉口进口税为 0.96（海关）两，1899 年进口关税为 7.43 万两，36 年间年均增长率为 5.8%，年均进口关税仅为 4830 两。最高年份只达 7.43 万两（1899 年），最低则只有 10 两（1884 年）。相较第二阶段的进口税额，小到几乎可以忽略不计。这样长期的低迷进口税一方面是因为协定关税制度将进口税率设定在极低水平，另一方面是因为汉口直接进口货物远不及间接进口货物，因此汉口海关所征收的进口税极少。

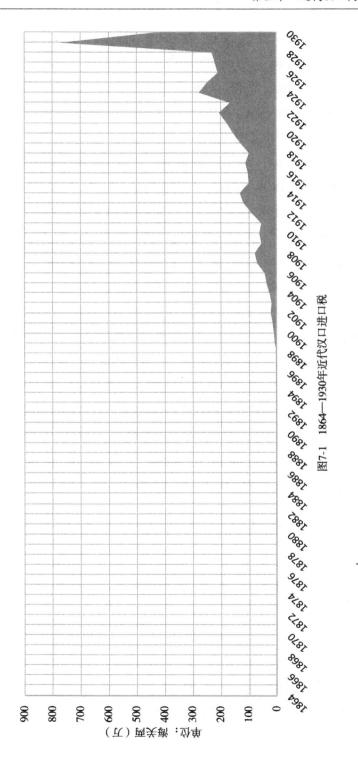

图7-1 1864—1930年近代汉口进口税

第二阶段是 1900 年以后。1900 年汉口进口税为 10.19 万两，到 1930 年增长至 431.89 万两，31 年间年均增长率为 12.8%，年均进口税高达 143.6 万两，是第一阶段年均进口税的 297 倍。该阶段峰值为 1929 年时进口税达 770.6 万两。这样的迅猛增长一方面与近代争取关税自主的政治运动紧密相关，另一方面，结合"进口扩大"一章中论述的内容，与进口贸易快速增长有关。

如果将 1864—1930 年按统治政府可划分为 1864—1911 年清末阶段和 1912—1930 年民国阶段。从 1864 年的 0.96 两到 1911 年的 54.17 万两，清末阶段的年均增长率为 8.8%。从 1912 年的 88.65 万两到 1930 年的 431.89 万两，民国阶段的年均增长率为 8.7%。虽然两个阶段进口税的年均增长率没有明显差别，但只有结合进口税占进口净值比例才能清楚了解两个阶段进口税的增长意义。

从图 7-2 中可以看出，1900 年前进口税所占进口净值比例几乎可以忽略不计。虽然 1864—1911 年清末阶段和 1912—1930 年民国阶段的进口税的年均增长率几乎一致，但民国阶段进口税所占比例要高于清末阶段，这说明民国阶段的进口税率要高于清末阶段。进口税率的提高主要由于民国时期政府对于关税自主的争取和保护关税政策的尝试。1900 年后进口税率和税额的提高并没有对进口贸易产生负面影响，相反，进口贸易在进口税率提高后反而大幅增长。1900 年后进口贸易大幅增长背后的原因多种多样，涉及政治、社会发展和经济等方面。本章观察的进口税只是其中一个因素。一般来说，进口税率上升对进口贸易会产生抑制作用。但近代汉口贸易数据表明，尽管进口税率上涨，进口贸易依然增势迅猛。

二、近代汉口出口正税

同进口正税一样，江汉关对土货出口依税则课征 5% 的税值。本书所观察的近代汉口出口正税从 1864 年开始统计到 1930 年统计币种变化之前。根据近代汉口海关原始数据，图 7-3 展示了 1864—1930 年近代汉口出口正税变化。

从图 7-3 中可见，1864—1930 年近代汉口出口税整体呈平稳缓慢增长趋势。1864 年近代汉口出口税为 91 万两，1930 年为 268 万两，67 年间年均增长率为 1.6%，年均出口税为 182 万两。在该时间段内，近代汉口出口税最高年份是 1929 年的 299 万两，最低年份为 1867 年的 89 万两。近代汉口出口税波动较小的主要原因是 1858 年签订《天津条约》后，出口货物需"完纳值百抽五"海关正税的规定

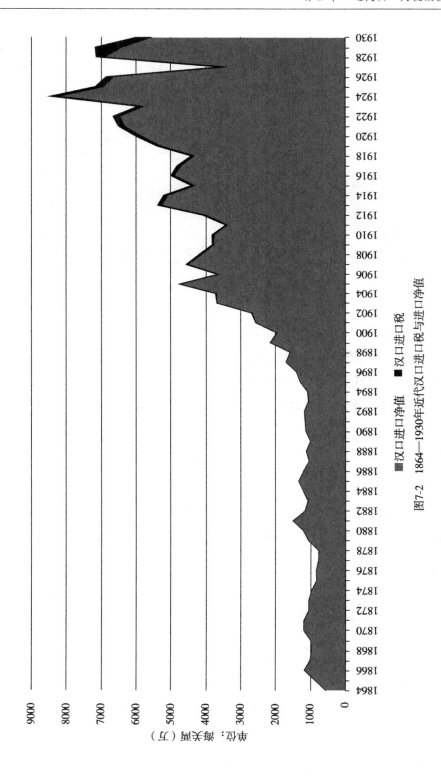

图7-2　1864—1930年近代汉口进口税与进口净值

■汉口进口净值　■汉口进口税

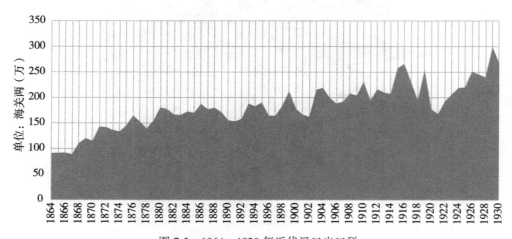

图 7-3　1864—1930 年近代汉口出口税

长期没有太大变化。因此，较近代汉口进口税而言，出口税增长较平稳。

　　若与近代汉口进口税相比较，出口税额要常年远高于进口税。出现转折的年份是 1921 年，近代汉口进口税首次高于出口税。其后，由于进口税波动剧烈，因此时而高于出口税，时而低于出口税。具体比较变化可见图 7-4。

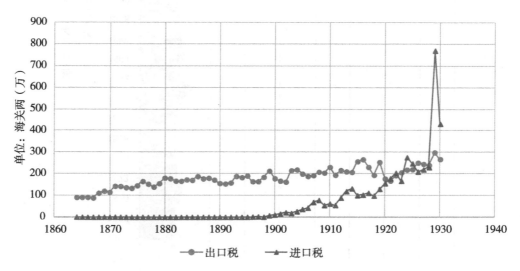

图 7-4　1864—1930 年近代汉口进出口税比较

1864—1920 年，近代汉口平均出口税额为 173 万两，而平均进口税额仅为 27 万两，平均出口税额是平均进口税额的 6.4 倍。由于近代汉口进口税受各种条约限制，而且仅能在一定程度上反映直接进口贸易量，因此，不能通过图 7-4 所显示的趋势简单归纳为近代汉口出口贸易高于进口贸易。1900 年后，近代汉口进出口税额差距明显开始缩小，进口税增长速度明显高于出口税增长速度。1921 年，近代汉口进出口税首次低于进口税。1929 年近代汉口进口税额为 771 万两远超于当年出口税 299 万两，进口税是出口税的 2.6 倍。这样的巨大差距主要跟国民政府争取关税自主权相关，关税保护政策使进口税猛地增高，因此并不能代表近代汉口当年的进口贸易远大于出口贸易。但就现有的数据来看，民国中期，近代汉口贸易开始采取保护贸易的政策。

三、近代汉口复进口税

复进口税（Coast Trade Duties）的税率为协定进口税率的一半。该税种的征收时间是从鸦片战争后到民国中期，并于 1930 年被国民政府所取消。从 1931 年开始，海关征收的新税种转口税（Interport Duty）承担了部分复进口税的职能，转口税的税率较复进口税有所提高。

由于复进口税与内地贩运有关，征收对象是往来于各口岸间外国轮船的土货，因此该税更多反映了转口贸易。本书根据原始统计数据，整理出近代汉口复进口税发展变化，具体见图 7-5。

除却开端几年起伏较大，1864—1930 年近代汉口复进口税整体呈上升趋势。1864—1866 年三年间复进口税偏高的主要原因：一是由于汉口港开埠初期，大量土货贸易为了避免清政府的苛捐杂税而选择经由通商口岸缴纳复进口税；二是统计初期由于没有设置进口货物的内地子口税，因而复进口税承担了部分内地子口税的职能。由于开埠后，汉口通商口岸允许国内贸易船只通关，大量运输土货的船只涌向通商口岸，而不从清政府管辖的常关经过。因此，内地常关税收大幅下降，而通商口岸的复进口税税收大幅增长。由于 1864—1866 年的特殊性，观察近代汉口复进口税发展趋势时不计入该时间段数据，以 1867 年的 0.18 万两复进口税为起始点，到 1930 年的 43.6 万两，64 年间年均增长为 8.9%。如果比较进口税和复进口税，两者差异具体可见图 7-6。

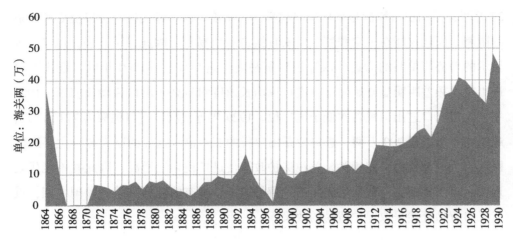

图 7-5　1864—1930 年近代汉口复进口税

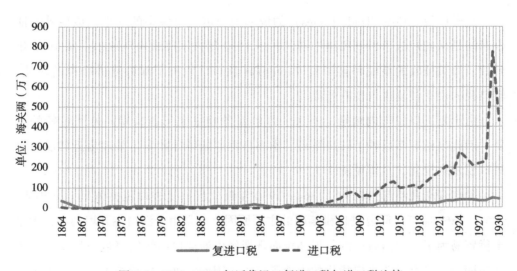

图 7-6　1864—1930 年近代汉口复进口税与进口税比较

整体来看，复进口税增长率低于进口税，但近代汉口复进口税 1899 年前期的税额要普遍高于进口税。比如，1864 年，复进口税为 36.5 万两，而进口税只有 0.96 两。到 1867 年，复进口税猛降至 0.18 万两，仍高于当年进口税（0.14万两）。从 1864—1899 年的 36 年内，近代汉口复进口税一直高于进口税。从 1900 年开始，这种局面才扭转。同年，复进口税为 8.65 万两，而进口税为

10. 19 万两，近代汉口进口税从此高于复进口税，且增长率高于复进口税。复进口税在 1900 年前高于进口税的主要原因在于汉口开埠初期直接进口较小，而间接进口较大，不少运往汉口的进口产品会在长江入海口的上海港缴纳进口正税，然后通过外籍船只转运到汉口，因而近代汉口的复进口税在很长一段时期内远远高于进口税。这也说明，1900 年前汉口转运业的发达水平高于直接进口贸易。

四、近代汉口内地子口税

另一种与进口相关的主要税项为内地子口税（Transit Duties on Foreign Goods），凡洋货运入内地或土货出关运往内地其他港口的货物，按正税税率折半征收，沿途免交厘金。海关统计的内地子口税有洋货内地子口税（Transit Duties on Foreign Goods）和土货内地子口税（Transit Duties on Native Produce）。

近代汉口的洋货内地子口税统计始于 1867 年，一直沿用到 1930 年。近代汉口土货内地子口税的统计始于 1867 年、终于 1885 年。根据近代汉口港原始贸易数据，可以观察近代汉口内地子口税发展变化。（详见图 7-7）

图 7-7 1867—1930 年近代汉口洋货和土货内地子口税

近代汉口洋货内地子口税的发展比较曲折，经历了平稳上升时期、下降、回升和再下滑时期，而国内货物内地子口税从 1867 年开始到 1885 年结束整体呈下降趋势。近代汉口洋货内地子口税发展的第一阶段，1867 年洋货内地子口税为 2.37 万两，到 1895 年整段时间内的第一次峰值 20.54 万两，29 年间年均增长率为 7.73%。第二阶段是下滑期，从 1895 年的峰值跌至 1912 年的 2.9 万两，18 年间年均增长率为 -0.1%。第三阶段是回升期，从 1912 年的谷底增至 1925 年的 20.63 万两，14 年间年均增长率为 15%。第四阶段为再次下滑期，1927 年后由于取消内地子口税在即，所以税收额骤降，到 1930 年洋货内地子口税只有 0.38 万两。

而近代汉口土货内地子口税从 1867 开始统计到 1885 年结束，只有 19 年的统计年份，是最"短寿"的一个统计税种。1867 年近代汉口土货内地子口税为 3.2 万两，1885 年为 0.01 万两，年均增长率为 -0.26%。1880 年清政府责令地方官吏严格执行子口税征收规定，华商在洋货内运的子口税单的申领情况才有好转。到 1885 年，汉口土货内地子口税逐取消。

五、近代汉口吨税

吨税在近代又称"船钞"，是针对货运船只征收的税种。早期清政府以船只的长宽乘积制定课税。鸦片战争之后，改为以船只载重吨数计算课税。由于近代汉口海关统计的吨税包含进口和出口吨税，因而无法做进口和出口吨税的区别比较。但观察历年来吨税变化仍可以从侧面反映进出汉口港的贸易船只数量和贸易量发展。江汉关所征吨税，七成呈交总税务司，三成呈交外交部。图 7-8 具体展示了根据《中国旧海关史料》所收集的 1864—1930 年近代汉口吨税数据。

与复进口税相似，除却统计初期的几年，近代汉口吨税整体呈增长趋势。1864—1869 年吨税较高主要由于还未受各种条约规定影响，吨税收费较多。统计初期的前六年，从 1864 年的 21.83 万两到 1869 年的 19.48 万两，平均吨税为 19.41 万两，而 1870—1930 年的 61 年间平均吨税仅为 2.95 万两，不到 1864—1869 年平均水平的 1/6。由于受针对外籍船只的优待政策影响，近代汉口吨税一降再降，因而在 1870—1894 年长期处于极低水平。特别是 1868 年后，清政府同意外籍船只在中国通商各口航线上往来 4 个月内只用缴纳一次吨税，正是这一规定导致吨税税收长期低迷。直到 1895 年后，近代汉口吨税才有所增长。但即使近代汉口吨税在 1895—1930 年保持较快增长趋势，也再没有回到 1864—1869 年

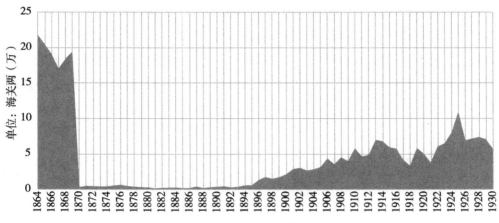

图 7-8 1864—1930 年近代汉口吨税

初期的水平。

剔除 1864—1869 年吨税偏高的年份，近代汉口吨税从 1870 年的 0.39 万两，增长到 1930 年的 5.76 万两，61 年间年均增长率为 4.5%。在此期间，近代汉口吨税唯一超过 10 万两的是 1925 年的 11 万吨。若将 1870—1930 年近代汉口吨税发展分为两个阶段来看，第一阶段为 1870—1895 年，吨税常年保持较低水平，年均吨税收入仅为 0.4 万两，最高年份不超过 1 万两，26 年间年均增长率仅为 0.18%；第二阶段为 1896—1930 年吨税有所增长，1896 年汉口吨税为 1.35 万两，到 1930 年的 35 年间年均增长率为 4.2%，是第一阶段的 23 倍。该阶段年均吨税为 4.8 万两，是第一阶段的 12 倍。第二阶段吨税增长的主要原因是汉口贸易量的增长，来往贸易船只数量的增加，因而吨税"水涨船高"。

六、近代汉口鸦片进口税

从 1870 年起，清政府规定鸦片按每百斤抽税银 30 两征税。到 1885 年又新增规定，每百斤鸦片于正税外加征厘税 80 两，共计 110 两。1887 年起全国推行鸦片税厘并征。同年，江汉关制定了《洋药税厘开征章程》实行鸦片的税厘并征。

在近代海关贸易统计报告中，1881—1899 年的 19 年近代汉口鸦片进口税被单另列出统计。但由于 1881—1886 年的六年中，1881 年、1884 年和 1887 年鸦片进口税为零，1882 年、1883 年和 1885 年低到可以忽略不计，所以对近代汉口进口税的统计没有很大影响。但 1887—1899 年的 13 年间，所征收的鸦片进口税额较大，甚至在一段时间内大于（除去鸦片的）进口正税。根据所收集到的原始数据，图 7-9 主要表示了 1881—1899 年近代汉口鸦片进口税与进口税的增长差异。

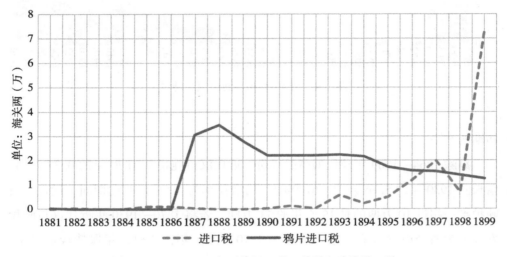

图 7-9　1881—1899 年近代汉口进口关税和鸦片进口税

　　鸦片进口税之所以会被单另列出统计，主要因为鸦片进口在近代进口贸易中占重要比重。鸦片税是近代开始征收的税种。受太平天国影响，清政府急需饷源，继于 1858 年与各国修订关税时议定进口鸦片上税。鸦片在近代海关统计中称为"洋药"。由于鸦片进口的扩大，鸦片税一度成为最重要的税收来源之一。但根据国内学者研究，一担鸦片在各口缴纳完关税后，还在地方缴纳临时税（林满红，2016）。以 1879 年为例，汉口的地方税率为一担 20 海关两①。鸦片进口税率较一般洋货高，这也印证了 1887—1896 年汉口鸦片进口税的发展趋势。1887—1896 年，近代汉口年均鸦片进口税为 2.1 万两，而同时期年均进口税只有

---

① 《海关第 4 号特别报告》，1879 年，第 61~63 页。

0.9 万两，鸦片进口税是进口税的 1 倍多。特别是 1887—1892 年，除去鸦片进口税的进口正税几乎低到可以忽略不计。

在近代海关统计中，1900 年后汉口进口税显著增长，其主要原因之一是海关统计时包含鸦片进口税。但随着 20 世纪开始的禁烟运动，鸦片进口逐年减少。1906 年 9 月 20 日清政府颁布"禁烟"。清政府通过多次与英国的外交谈判，迫使全球最大鸦片贩卖国——英国于 1908 年签订《中英禁烟条约》，并同意以每年递减 1/10 的比例，10 年期满完全停止向中国输入印度鸦片。1911 年辛亥革命后，中国政府展开了全国范围内的禁烟活动。1914 年，英国完全停止了印度鸦片的对华进口。

七、近代汉口鸦片厘金

另一个有关鸦片的统计税种是鸦片厘金。根据《天津条约》规定，洋货在内地销售不用纳厘金而只纳子口半税，鸦片是税、厘并征的货物。1887 年，中葡两国签署了《和好通商条约》确保《烟台条约续增专条》关于鸦片方案的实施。香港和澳门协同税厘并征后，清政府的海关收入立即增多。

近代汉口的鸦片厘金统计始自 1887 年，终于 1913 年。根据海关统计的原始数据，图 7-10 具体表示了 1887—1913 年近代汉口鸦片厘金的变化。

除却统计末期的一年，1887—1913 年近代汉口鸦片厘金整体呈下降趋势。1912 年比较特殊，鸦片厘金高达 18.78 万两[①]。近代汉口鸦片厘金从 1887 年的 8.28 万两，下降到 1913 年的 0.05 万两，27 年间年均增长率为 -0.17%，年均鸦片厘金为 4.8 万两。若与同期鸦片进口税相比，1887—1899 年均鸦片厘金为 5.7 万两，而鸦片进口税为 2.1 万两，鸦片厘金是鸦片进口税的 2.7 倍。由于鸦片"逢关纳税，遇卡抽厘"，因此鸦片进口税率不仅高于其他进口产品，所缴内地税也远超过其他进口产品。

近代汉口鸦片厘金的整体下降趋势与清末的禁烟活动紧密联系。特别是 1907 年后的迅速下降主要因为 1906 年清政府颁布了"禁烟"令。1911 年后汉口鸦片厘金的猛然回升是因为辛亥革命和国内政治活动暂时打断了清政府的禁令。但很

---

① 该年鸦片厘金突然增高的原因不明，一种可能是统计错误，一种可能是由于取缔鸦片进口在即，商人大量囤积鸦片，令鸦片贸易猛增，鸦片厘金随之上涨。

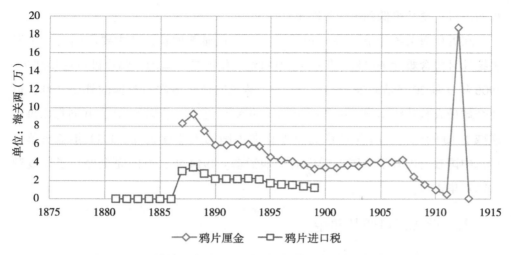

图 7-10 1887—1913 年近代汉口鸦片厘金与鸦片进口税比较

快国民政府要求英国履行《中英禁烟条约》，停止对华鸦片进口，因此在 1913 年骤降到 500 两，1914 年后再无鸦片厘金统计。

八、近代汉口各项税种比较

结合上述各项税收的数据变化，可以将近代汉口各项关税做比较分析。图 7-11 汇集了近代汉口 1864—1930 年进口税、出口税、复进口税、进口货物内地子口税和国内货物内地子口税、吨税、鸦片进口税和鸦片厘金，以便更直观地观察各税种之间的差距。1903 年前，除了出口税远高于其他税种，其他各税之间没有明显区别。1903 年后，进口税上升速度增快，并逐渐缩小与出口税之间的差距，而除进口税外的各税没有较大变化。1903 年后增长第二的税种是复进口税，其余税种税保持较低水平，且相差不大。

由于 1913 年前近代汉口共有 8 项税种，而 1913 年后只剩下 5 项。为了直观分析各税项的变化，以 1913 年为界，划分为图 7-12、图 7-13 进行观察。

由图 7-12、图 7-13 可以看出，1900 年前进口税普遍低于其他税种，在 1900 年后才明显高于其他税种，复进口税和进口货物内地子口税较相近，吨税相较最低。1914 年后进口税额远超其他三种进口相关税额，且在 1921 年后与出口税相

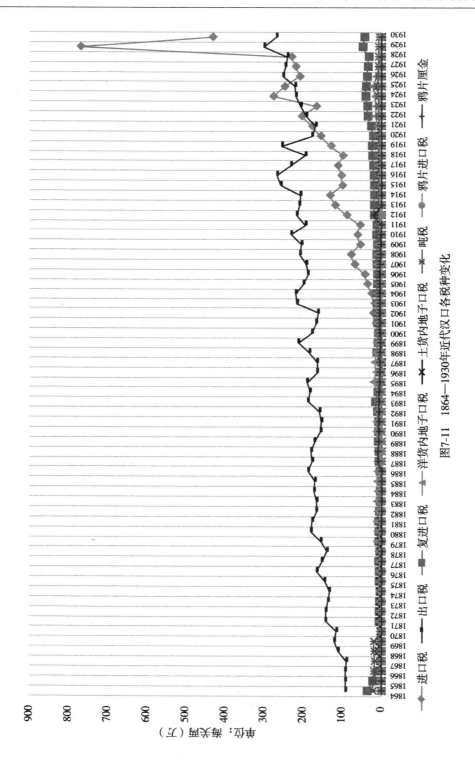

图7-11　1864—1930年近代汉口各税种变化

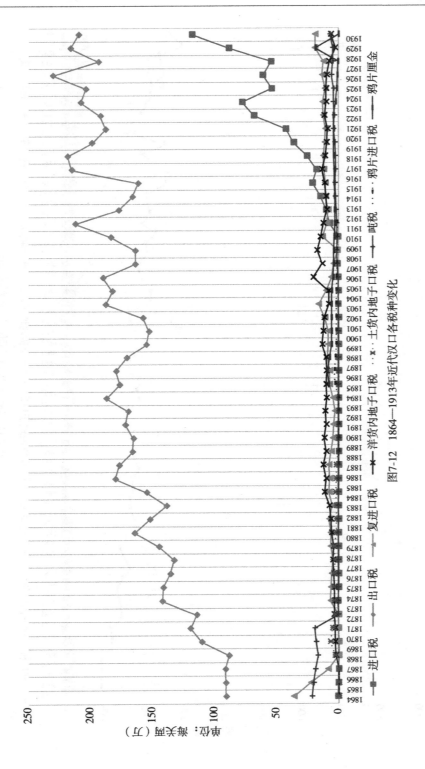

图7-12　1864—1913年近代汉口各税种变化

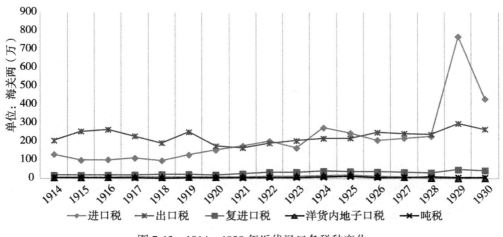

图 7-13 1914—1930 年近代汉口各税种变化

近，其他三种税项几乎没有变化，且增长速度较平稳。从两图中可以得出结论：1900 年前，汉口进口相关税的主要税收来源是进口货物内地子口税，而 1900 年后，汉口进口相关税的主要税收来源是进口税。而出口税在 1921 年前一直是近代汉口关税的主要来源。

九、近代汉口总关税发展趋势

总关税是包含所有海关统计税种的计总。根据《中国旧海关史料：1859—1948》所收集的原始数据，图 7-14 具体反映了 1864—1930 年汉口总关税变化。

从图 7-14 可以看出，近代汉口总关税整体呈平稳上升趋势。1864 年近代汉口总关税为 129 万两，到 1930 年增长至 750 万两，67 年间年均增长率为 2.7%，年均总关税为 271 万两。1930 年的关税收入是 1864 年的 5.8 倍。1927 年总关税的骤然下降主要受汉口政治与革命活动影响：一方面，1927 年广州的国民政府迁到武汉，与英国多次外交谈判后，英国将汉口、九江英租界交还中国。租界的归还造成了一定程度的贸易波动；另一方面，政治运动也对汉口贸易经济活动造成影响。同年，汉口进口贸易也大幅缩减。

比较汉口总关税占汉口贸易净值（进出口贸易净值总和）的比重，可以了解汉口海关税收与贸易的关系。通过收集 1864—1919 年汉口总关税和汉口贸易净

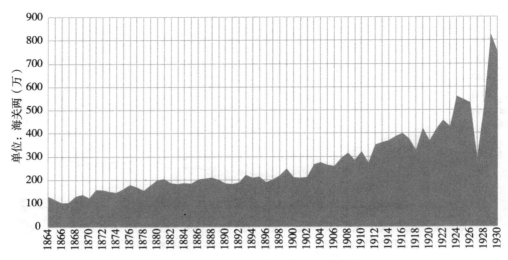

图 7-14　1864—1930 年近代汉口总关税

值数据，可以得出图 7-15 所绘的增长趋势。

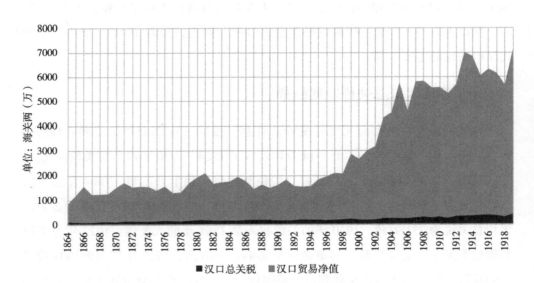

■ 汉口总关税　■ 汉口贸易净值

图 7-15　1864—1919 年近代汉口总关税和贸易净值

　　1864 年近代汉口总关税为 129 万两，贸易净值为 709 万两，海关税收占贸易净值的 18%。随着时间推移，特别是从 19 世纪末期开始，贸易净值的增长速度明显高于关税增长。到 1919 年，近代汉口总关税为 422 万两，贸易净值为 6681 万两，海关税收只占贸易净值的 6.3%，比 1864 年下降了 2.8 倍。总关税没有随贸易净值增长加快而增快，究其原因，主要因为各条约对各项关税的限制，税率不断下降，这导致虽然贸易日益增长，但关税收入却没有同比增长。反过来说，税率降低的同时，近代汉口贸易量不断增加。

十、近代汉口关税与全国关税比较

将近代汉口关税收入与全国关税收入做比较，可以了解汉口关税收入占全国关税收入的地位变化。1864 年汉口总关税收入为 129 万两，全国总关税收入为 787 万两，汉口关税收入占当年全国关税收入的 16%。可见开埠初期汉口就成为全国主要的关税收入来源之一，并在随后的 20 多年里扮演重要角色。随着越来越多港口的开放，汉口关税收入占全国比重逐年下降。到 1930 年，汉口总关税收入为 750 万两，全国总关税收入为 18062 万两，汉口关税收入占当年全国关税收入的 4%，较 1864 年比重下降为 1/4。另外，1918 年前汉口关税的增长率与全国关税增长率的差别不大，1864—1917 年全国关税年均增长率为 3%，而汉口关税的增长率为 2%，两者相差不大。汉口关税的增长率在 1918 年后明显低于全国关税增长率，1918—1930 年全国关税年均增长率为 14.3%，而汉口关税的增长率为 7.2%。这一阶段，全国关税增长率高于汉口近 1 倍。图 7-16 具体表示了近代汉口与全国总关税变化。

通过已收集到的近代汉口进口税和进口净值两项原始数据，可以计算近代汉口关税水平。但在分析近代汉口关税水平时，应充分考虑内陆港口的关税征收特点。图 7-17 具体表示了 1864—1930 年近代汉口关税水平。为了准确观察，近代海关单另统计的 1881—1899 年鸦片进口税被纳入进口正税。

近代海关采取按贸易额抽税的方式。进口税是"值百抽五"，而内地子口税是按商品价值的 2.5% 抽税。根据近代汉口进口净值和进口税数据可以评估近代汉口关税水平，但由于近代各种特殊的条约关税规定，一是使进口港和转运港的税收之间存在巨大差额，二是使各地税率不统一，甚至相差巨大。因此，全国关税水平在 5% 左右徘徊，较符合近代"值百抽五"的税率标准，但内陆港口的税率却远远没有达到 5% 的税率标准。内陆港口的进口税率没有达到 5% 主要由于近

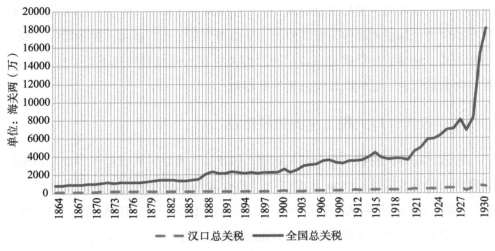

图 7-16　1864—1930 年近代汉口和全国总关税

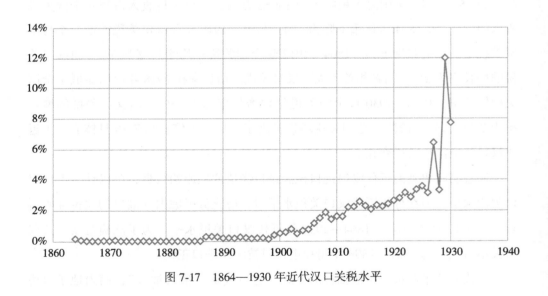

图 7-17　1864—1930 年近代汉口关税水平

代条约中规定，凡在某个口岸缴纳了进口税的货物在 1 年以内（后延长为 3 年）可免税转运其他口岸。因此在内地港口进口相关税的征收中，复进口税或内地子口税可能会高于进口正税。1900 年前，汉口关税水平一直保持在极低的水平，不超过 0.5%，平均关税水平仅为 0.1%。这主要由于近代条约规定：凡在某个口岸缴纳了进口税的货物在一段时期以内可免税转运其他口岸。比如，外籍货船在上海港缴纳了进口税，进口货物再从上海转运到汉口，那么在汉口港便无须再缴纳进口税。而根据前面章节所示，汉口绝大部分进口产品源于上海和其他长江下游的转运，只有少部分直接进口。1900 年后，进口税有所缓慢增长，平均关税水平为 2.7%，到 1926 年后才有大幅增长。1929 年达到峰值 12%。

结合近代汉口关税和进口贸易数据，我们可以评估关税水平对贸易的影响。但是由于近代协定关税的特殊性，内地港口极低的进口税征收率，我们还应该总体参考全国关税水平与进口贸易的关系。同理，通过全国进口净值和净进口税数据可以评估全国关税水平。图 7-18 展示了近代汉口关税水平与全国近代汉口关税水平的比较关系。

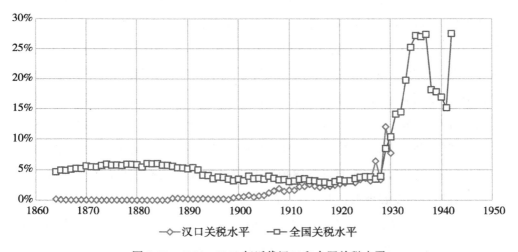

图 7-18 1864—1942 年近代汉口和全国关税水平

由图 7-18 可以看出，近代汉口关税水平和全国关税水平发展趋势可以大致分为三个阶段。第一个阶段为 1864—1884 年，近代汉口关税水平处于极低水平，而全国关税呈轻微增长趋势。这一阶段为近代汉口关税平均水平仅为 0.02%，而全国关税平均水平为 6%。第二个阶段为 1885—1928 年，近代汉口关税水平呈上升趋势，而全国关税则有所轻微下降。该阶段近代汉口关税平均水平升至 1.5%，相比第一阶段上升较明显，而全国关税平均水平降为 4%。特别是 1908 年后，汉口关税平均水平逐渐与全国关税平均水平趋同，且在 1914 年后几乎重合。第三个阶段为 1929 年后，全国关税水平急速增长。1929—1942 年全国关税平均水平高达 19%。虽然由于中国海关统计方式的调整无法获知同阶段汉口关税平均水平，但从 1929 年和 1930 年的数据来看，汉口关税水平与全国关税水平发展趋势相似。第二、三阶段汉口关税水平上升的主要原因是受政治因素的影响，清末的新政和以武昌起义为开端的辛亥革命，到武汉国民政府对关税自主作出的努力，都对汉口关税水平造成了影响。

十一、小结

结合上述针对各种关税的数据分析，我们可以发现近代汉口关税与贸易利益发展拥有以下三个特点。

一是贸易条约或贸易政策和政治活动对近代汉口关税和贸易利益发展具有决定性影响。近代汉口关税不仅受全国关税政策的影响，还受地方政治因素影响。在前面论述各个种类变化时，我们已经陆续介绍了近代各种贸易条约和不同年份重要历史事件及其与关税税率和关税征收之间的关系。由于近代实行协定关税制度，结合关税和贸易数据分析，我们可以证实政治因素对关税收益的主导地位。近代的对外贸易政策主要可以分为积极的开放政策和消极的开放政策两类，它们对贸易产生不同影响。消极的开放政策对近代汉口对外贸易造成了两个方面的影响：一方面，就国内方面而言，1840 年后清政府长期实施消极的开放政策，这使近代对外贸易发展维艰，近代汉口的贸易发展证实了这一点。汉口开埠后的近 30 年内，进口贸易发展尽管比未开埠之前实现从无到有的跳跃，但实际发展速度并没有想象中的迅猛，这与固有制度难以改变或制度惰性有一定关联。由于被迫的开放，中国对外贸易的实行受到从上到下的消极对抗，具体反映为清政府各级官员对开放及贸易的拖沓和敷衍态度。虽然通商口岸的不断增加加速了清朝时期封闭式落后经济模式的土崩瓦解，但清封建统治制度仍负隅顽抗，譬如，厘金的产生就是清政府为了弥补巨额战争赔款和抵御太平军内乱而新增的为了增加财政收入的税种，而非以发展贸易为目的设置的海关关税。另一方面，由于对华贸易发展没有达到以英国为首的各殖民主义国家的预期，所以各殖民主义国家不断发动侵华战争以争取更多的贸易特权来扩大贸易。更多的贸易条约以侵害中国国家利益的方式换取更大的贸易市场，这种只以一方获利为目的的贸易方式加重了清政府对于开放贸易的抵触和反抗，形成恶性循环。

较为积极的开放政策主要指清末新政和民国时期实行的有助于对外贸易的政策。新政改革的内容与戊戌变法相似，但因新政的执行受实际掌权者慈禧太后的首肯，因而比戊戌变法的影响更深更广。清末新政在军事、官制、法律、商业、教育和社会方面出台一系列改革措施，废除了在中国运行千年以上的科举制度，一定程度上推动了中国社会的现代化。其他方面不赘述，经济上的改革主要包括财政整顿、税制改革、币制改革、建设铁路和鼓励工业。国内经济政策有一定自由，大批官僚工商业带动了实业发展，私有工商业也有一定程度的发展。以汉口为例，张之洞督鄂后实施了一系列有助于工商与贸易发展的政策，比如发展实业教育事业，培育工业从业人员，他还筹建汉阳铁厂、湖北织布局、纺纱局、缫丝局和制麻局等。在汉口交通运输业方面，张之洞十分注重铁路建设，他曾说："铁路为自强第一要端，铁路不成，他端更无论矣。"早在 1889 年，张之洞就上奏建议修筑卢汉铁路，从芦沟桥至汉口，以贯通南北。他建议并监修的芦汉铁路建成后被命名为京汉铁路。张之洞还曾同美国交涉，以高价赎回粤汉铁路筑路权（唐浩明，2011）。这些举措无疑帮助汉口增添了许多新式人才、增加了当地财政收入，使汉口成为当时新政后期的中心地区。国民政府建立后，实施了维护国家主权和有利于民生的贸易政策，比如：限制消费资料进口贸易、增加生产资料进口贸易，推动国家工业化；鼓励出口贸易、减免部分出口产品关税，平衡国际贸易，调整重轻产业发展①。民国时期，中国政府先后四次修改进口关税税率，增加了政府的财政收入，有利于国内工商业发展，初步形成"进口替代"工业（陈晋文，2017）。相较清政府，国民政府采取了较主动的对外贸易政策，并以发展经济和增加财政收入为目的促进对外贸易，而不只是像清末新政主要为了维护皇权专制统治。总体来看民国时期对外贸易政策，进口贸易方面虽有约束，但有利于国内工商业更加自由发展，出口方面更是拥有更多自由。

二是尽管 1864—1930 年近代汉口进口税呈上涨趋势，但只要进口税率在合理范围内，进口贸易依然不断扩大。一方面，协定关税制度下极低的进口税率并

---

①　宋子文在 1928 年 7 月的全国财政会议上提出与财政政策并重的经济政策，并实行保护贸易。具体措施包括：制定奖励出口产品办法、颁定贸易合作办法、统一对外贸易、在通商口岸设局管理（宋子文：《财政部施政大纲电》，载《国闻周报》第 5 卷第 28 期，1928 年 7 月 22 日）。保护贸易政策在一定程度上保护了国内重轻工业企业家的利益。

没有像预想中的带来进口贸易巨幅增长。以近代汉口为例，1864—1898 年，汉口进口正税一直维持在极低水平，几乎可以忽略不计。但汉口进口贸易自开埠后实现从无到有的提升后，在其后的 35 年里，几乎没有显著增长。1864—1898 年，汉口进口正税年均收入仅为 0.28 万两，从 1864 年的 0.96 万两到 1898 年的 0.7 万两，年均增长率为负值，年均关税水平仅为 0.09%。如此低的进口税率和关税水平并没有带来进口贸易的突飞猛进。同一时间段内，汉口进口贸易年均净值为 1122 万两，从 1864 年的 581 万两到 1898 年的 1602 万两，年均增长率仅为 2.9%。由此可见，极低的进口税率并不一定是进口贸易的助增器。

另一方面，在适当的保护贸易政策下，进口税率有所提升，进口贸易增长速度反而加快。如同上面第一个特点中提到的，清末新政和国民政府实施了一些促进国内工商业发展和保护贸易的关税政策。而这一时期，汉口的进口税收入有所增长，关税水平也在提高，而进口贸易增长速度较 1898 年前的极低进口关税时期更快。1898 年前，汉口最高年份的进口正税收入仅为 1.98 万两，而 1899 年首次超过 2 万两收入，达到 7.4 万两。到 1913 年，更是迈过 100 万两大关，高达 118 万两。在民国时期保护贸易关税政策的影响下，1930 年前汉口最高年份进口正税收入达 771 万两（1929 年），关税水平为 12%。同年，汉口进口净值为 6420 万两，这在 1864—1930 年时期内属于较高进口贸易年份。1899—1930 年的 32 年间，汉口年均进口正税收入为 139 万两，是 1864—1898 年段年均进口正税收入的约 496 倍。该时间段的年均关税水平为 2.59%，是 1864—1898 年段年均关税水平的近 29 倍。进口关税收入和关税水平的增长并没有带来进口贸易量的下降。该时间段内汉口年均进口贸易净值为 4735 万两，是 1864—1898 年段年均进口贸易净值的近 4 倍。1899 年汉口进口贸易净值为 2167 万两，到 1930 年增至 5592 万两，年均增长率为 3%。由此可见，适当增幅的进口税率并没有对贸易产生负面影响，相较极低的进口税率反而有利于进口贸易增长。

三是税种的减少或对特殊商品的取缔对贸易发展有一定促进作用。近代时期有针对特殊商品的税种，鸦片税属于其中之一。由于鸦片的征税率不同于其他进口货物“值百抽五”的税率，因此被近代中国海关单另统计。1864—1913 年近代汉口统计的税种共有 8 种，到 1914 年后减少到 5 种。前一时间段内多出的统计税种为土货子口税、鸦片进口税和鸦片厘金。由于禁烟运动的努力，到 1914

年完全停止对印度鸦片的进口，鸦片进口相关的两个税种被取缔。另一个被取消统计的是土货内地子口税。汉口土货子口税的统计始于 1867 年、终于 1885 年，只延续了短短 19 年。这不是因为从 1886 年后汉口不再向土货征收内地子口税，而是因为不管是外籍船只还是国内船只都可以向通商口岸海关申请缴纳内地子口税单。不管取消统计的原因如何，近代汉口统计税种确实由繁变简，不断精化。内地子口税由于征收时间短，征收额不大，因而对贸易没有显著影响。但是取消鸦片进口税和鸦片厘金后，近代汉口关税没有明显下降，且贸易明显增长。1900 年后取消汉口鸦片进口税统计，但进口税却没有因此减少，1899 年进口税为 7.4 万两，而 1900 年增长至 10 万两，且进口贸易呈上涨趋势，从 1900 年的 1974 万两增至 1910 年的 3780 万两。1914 年后取消汉口鸦片厘金，汉口进口贸易净值仍呈上涨趋势，从 1914 年的 5102 万两到 1924 年增长至 8231 万两。虽然鸦片进口税占进口税极其重要的比重，鸦片厘金占国内贸易税收重要比重，为近代中国政府提供了不少财政来源，但由于食用鸦片对国民身心的巨大伤害，取缔像鸦片这样的特殊进口商品，对贸易发展具有积极影响。

第八章　近代汉口与长江流域对外开放港口贸易发展比较

国际贸易理论认为，开放型经济会加强区域间的合作，加快商品流通，从而提升贸易利益。贸易伙伴之间的贸易自由化将有助于提高贸易商品质量，降低商品成本。区域经济一体化将会缩小中心地区与边缘地区的差距，提升整体区域的贸易利益和福利水平。本章将主要探讨近代长江流域对外开放港口的贸易发展，进一步了解贸易自由化是否增加了这些地区的进口贸易和进口商品种类。同时，本章还比较了这些开埠港口的关税变化，观察关税对贸易的影响。

第一节　各港进口贸易比较

汉口港的开埠对长江流域以及中部地区的经济与贸易产生了深远影响。汉口港属于长江流域较早开埠的港口之一，在近代早期是重要的中部终端港口，而在近代后期更多承担转运职能，是长江上游和中部地区的贸易中转站。长江流域上最早开埠的港口是江海关，即上海关，于 1859 年开埠。其后，依次开埠的港口分别是：1863 年开埠的九江关、1864 年开埠的江汉关、1864 年开埠的镇江关、1877 年开埠的宜昌关、1877 年开埠的芜湖关、1891 年开埠的重庆关、1896 年开埠的沙市关，以及 1904 年开埠长沙关（该关口被归纳进来主要是因为湘江属于长江主要支流，与其他濒临长江的港口贸易联系紧密）。本章将主要比较这些港口的进口贸易净值、关税税率和产品种类变化，以便更加清楚地了解长江流域贸易开放和贸易利益之间的关系。

1859—1863 年，近代新式海关建立初期所统计的贸易数据较零散。譬如，上海港贸易统计按月进行贸易统计，而非年份。且各港口统计报告格式不统一，统计内容也不尽相同。这些原因导致各港进口贸易数值难以准确计算。因此本章所分析的贸易数据起始年份为1864年。1864年近代海关所统计的长江沿线开放港口包括上海港、镇江港、九江港和汉口港这四个初始港口。其后，1877年开始有芜湖港的贸易统计，1878年始有宜昌港的贸易统计，1891年始有重庆港的贸易统计，1896年始有沙市港的贸易统计，1899年始有南京港的贸易统计，1900年始有岳阳港的贸易统计，1904年始有长沙港的贸易统计，1917年始有万县港的贸易统计。按长江上游到下游的顺序排列分别为重庆、万县、宜昌、沙市、长沙、岳阳、汉口、九江、芜湖、南京、镇江和上海。

一、进口净值比较

根据近代海关的统计数据可以观察1864—1930年长江流域各开放港口净进口贸易变化。由于上海、镇江、九江和汉口四口岸开埠较早，贸易统计年份较全面，单独比较这四口岸进口净值可以发现如图8-1所示趋势。

由图8-1可以看出，1892年前四口岸进口净值较接近、无显著差异。1892年后上海港的进口净值增长速度明显加快。汉口港的进口净值在1919年前紧跟上海港增长趋势，但1919年后趋于平稳，而上海则增长迅猛，迅速拉开与其他三个港口的距离。作为近代早期开埠的港口，九江和镇江的贸易发展远不及汉口和上海的发展速度。这在一定程度上说明，虽然港口的对外开放能带动当地贸易与经济发展，但显著和长远的贸易增长还需依托本地市场、城市规模与资金投入。

1919年前，汉口净进口贸易值与上海不相上下，甚至在某些年份超过上海。1864年汉口净进口贸易为581万两，而上海为1422万两，是汉口的2.4倍。而到1866年，汉口进口净值达1194万两，而上海则为1147万两。汉口在短短三年内赶超上海成为长江流域进口贸易最大的港口，其后分别在1870年、1872—1874年、1884年和1908年在进口净值上超过上海。由此可见，汉口在开埠后迅速成为长江中下游地区的主要对外贸易港口，并从晚清到民国中期一直保持重要地位。

比较1864—1930年重庆、万县、宜昌、沙市、长沙、岳阳、汉口、九江、芜湖、南京、镇江和上海12港的进口净值，其具体发展趋势可见图8-2。

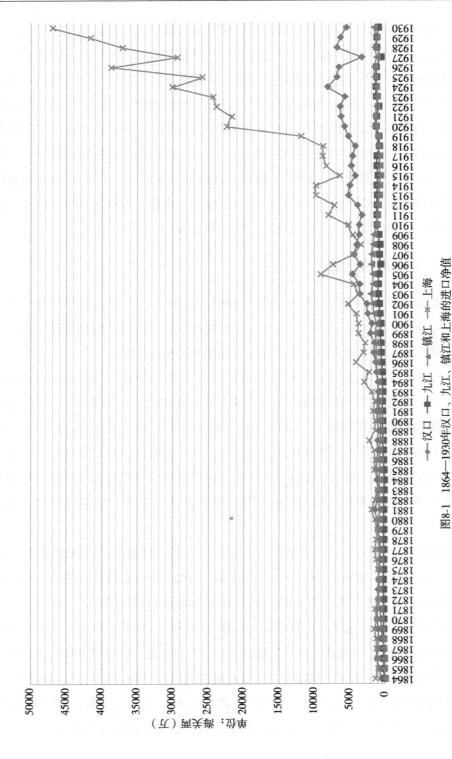

图8-1　1864—1930年汉口、九江、镇江和上海的进口净值

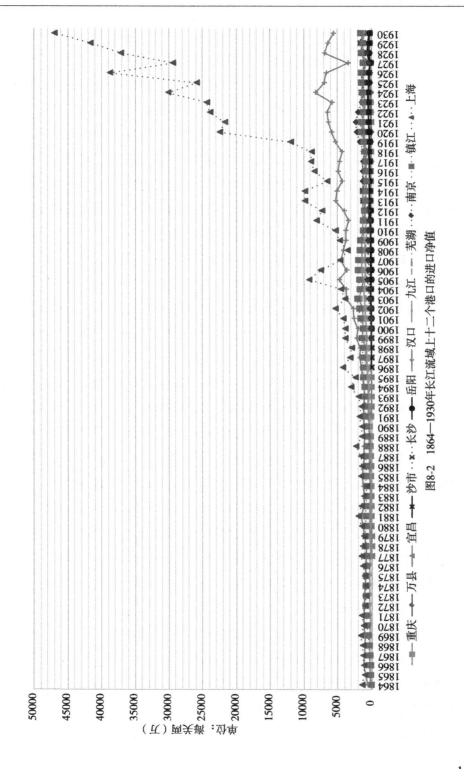

单位：海关两（万）

图8-2　1864—1930年长江流域上十二个港口的进口净值

—■—重庆　—+—万县　—|—宜昌　—*—沙市　—x—长沙　—●—岳阳　—+—汉口　——九江　——芜湖　——南京　——镇江　——上海

从图 8-2 中我们可以清楚观察长江流域上 12 个港口的贸易地位。从整体来看，1864—1930 年间汉口稳居长江流域进口贸易第二的位置。

1892 年前各港口进口贸易净值无显著差距。按 1892 年前年均进口贸易净值由高到低排序分别是：上海，1361 万两；汉口，1070 万两；镇江，726 万两；九江，292 万两；芜湖，255 万两；宜昌，141 万两。在该段时期内，上海、汉口和镇江的进口贸易较接近，而九江、芜湖和宜昌的数值相近似。值得指出的是，虽然芜湖和宜昌几乎同时开埠（近代海关从 1877 年开始统计芜湖对外贸易，从 1878 年开始统计宜昌进口净值），但由于芜湖处于较早开放通商的长江下游地区，因此芜湖的进口贸易比处于中游地区的宜昌要高。

1893—1930 年，长江流域新增的开放港口有重庆、万县、沙市、长沙、岳阳和南京。这段时期内，中游新增三个港口，上游增加两个港口，南京是长江下游唯一新增的港口。这些港口按年均进口贸易净值由高到低排序分别是：上海，13176 万两；汉口，4204 万两；镇江，1371 万两；重庆，1085 万两；九江，1008 万两；南京，935 万两；长沙，932 万两；芜湖，824 万两；沙市，225 万两；岳阳，212 万两；宜昌，160 万两；万县，132 万两。整体而言，长江中下游港口的进口贸易要大于上游港口。上海港的年均进口净值较 1893 年前增加了近10 倍。位处临海和长江入海口的地理优势无疑为上海的经济和贸易腾飞提供了得天独厚的条件。近代后期，上海迅速成为长江流域最重要的对外贸易港口。汉口港的年均进口净值较前期增长了 4 倍，是长江流域上进口增长速度仅次于上海的港口。在这段时期内，上海和汉口的进口贸易与其他长江流域开放港口拉开了较大距离。重庆作为长江上游的重要开埠港口，其开放时期较晚。近代海关从1891 年开始统计重庆港的贸易数据。虽然开埠年份较上海或汉口晚了近 30 年，但重庆的进口贸易在开埠后迅猛增长。而与重庆开埠时间相近的沙市却远不及重庆进口贸易的发展速度。

按进口净值的年均增长率来看，从高到低排序分别为：（1）1917—1930 年，万县港的进口净值从 38 万两增长至 230 万两，14 年间年均增长率为 14.9%。（2）1896—1930 年，沙市港的进口净值从 0.3 万两增长至 263 万两，54 年间年均增长率为 22.1%。（3）1900—1930 年，岳阳港的进口净值从 8 万两增长至 267万两，31 年间年均增长率为 12.4%。（4）1899—1930 年，南京港的进口净值从

62 万两增长至 1658 万两，32 年间年均增长率为 11.2%。（5）1878—1930 年，宜昌港的进口净值从 2 万两增长至 268 万两，53 年间年均增长率为 9.9%。（6）1904—1930 年，长沙港的进口净值从 199 万两增长至 1134 万两，27 年间年均增长率为 6.9%。（7）1891—1930 年，重庆港的进口净值从 137 万两增长至 1235 万两，40 年间年均增长率为 5.8%。（8）1864—1930 年，上海港的进口净值从 1422 万两增长至 47023 万两，67 年间年均增长率为 5.4%。（9）1864—1930 年，镇江港的进口净值从 51 万两增长至 1647 万两，67 年间年均增长率为 5.4%。（10）1877—1930 年，芜湖港的进口净值从 90 万两增长至 1254 万两，54 年间年均增长率为 5.1%。（11）1864—1930 年，汉口港的进口净值从 581 万两增长至 5592 万两，67 年间年均增长率为 3.5%。（12）1864—1930 年，九江港的进口净值从 171 万两增长至 1060 万两，67 年间年均增长率为 2.8%。由于部分港口起始数值较小或者统计年份较短，所以进口净值的年均增长率较高，比如万县和沙市。但从进口产品总量和价值来看，这些港口远没有上海和汉口的贸易地位重要。同时，这又在一定程度上说明开埠对于这些港口的巨大影响：对外贸易从无到有，进口贸易不断扩大。

由于上海港的进口净值数值较大，剔除上海港将更加有利于观察其他 11 个开放港口的发展变化。

从图 8-3 中可以清晰看出，汉口进口净值在 1900 年前与镇江进口贸易发展趋势相接近，在 1900 年后逐渐与其他长江流域港口拉开明显距离。值得指出的是，汉口进口净值的增长并没有随着其他港口的开埠——尤其是汉口上游的港口的开埠而减少，反而随着长江沿线开放港口的增加而不断加快发展。这说明汉口本地市场需求的容载量足以消耗不断扩大的进口产品，同时不断扩大的进口贸易也刺激了汉口市场发展。反观镇江和重庆港，在 1900 年后新增的开放港口逐渐崛起后，两者的进口净值皆有所下降，并逐步与其他中型规模港口的进口贸易趋于相似。尤其是随着长江埠际贸易网络的发展壮大，重庆、长沙、九江、芜湖、南京和镇江的进口贸易发展趋势在 1912 年后基本重叠。宜昌、岳阳、万县和沙市这四个贸易规模较小的港口，其进口贸易发展趋势相接近。

若将长江流域上各港口的进口贸易视为一个整体，则每个港口所占比重有所不同。图 8-4 具体展示了各港口所占长江流域总进口贸易的比重。

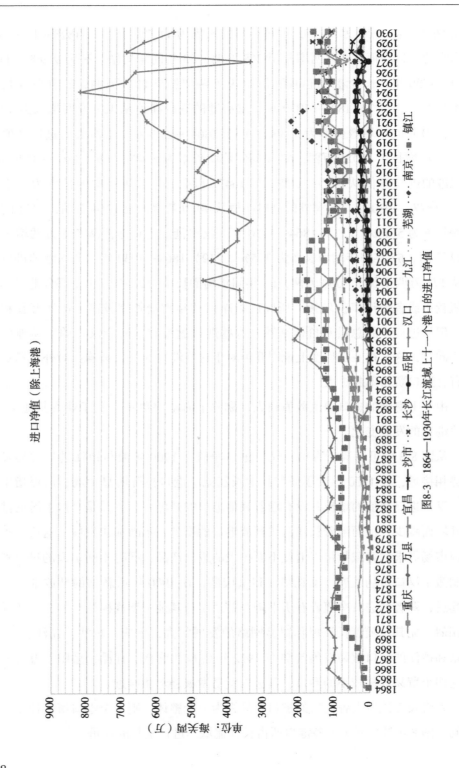

图8-3　1864—1930年长江流域上十一个港口的进口净值

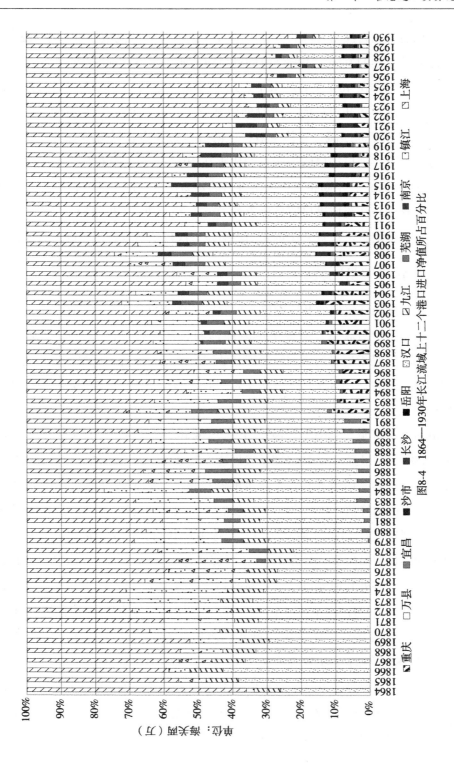

图8-4　1864—1930年长江流域上十二个港口进口净值所占百分比

单位：海关两（万）

　　可以看出，自汉口开埠后，中游港口迅速占据长江流域总进口净值的一半。虽然随着镇江港的发展，中游港口的进口净值所占比重逐渐减少，但依然在较长一段时期内保持在 40% 左右的水平。1891 年后，重庆的开埠意味着长江上游的开放。上游港口在开埠后的一段时期内维持了占总比重 10% 左右的水平，但在 1910 年后开始不断缩减。总体来看，上游进口贸易占长江流域总进口贸易的比重较低。而下游港口进口贸易所占的比重在 1910 年后逐渐超过了中上游港口所占的"半壁江山"，不断挤压中上游港口的贸易比重。特别是 1920 年后，光上海一港就占整个长江流域进口贸易比重的 60%，到 1930 年更占 75% 以上。即便如此，相较其他港口进口贸易比重的剧烈缩减，汉口依然维持了较高的贸易份额。

二、转口贸易比较

　　近代时期长江流域的开埠港口不仅发展了自身的对外贸易，还建立起重要的长江流域埠际贸易联系，形成了影响深远的长江一带经济网。转口贸易（Re-export Trade）是指进口的货物转运到其他国内港口。该贸易反映了港口的中转能力和埠际贸易量。图 8-5 具体表示了近代长江流域上 12 个港口转口贸易值的发展趋势。

　　由图 8-5 可见，1864—1919 年上海港的转口贸易远超于其他 11 个港口。1864—1889 年，上海港的转口贸易发展速度较缓慢，但由于基数较大，所以遥遥领先于其他各港。1889 年后，上海港的转口贸易开始增速发展，并在 1905 年达到 16737 万两的峰值。1905 年后，其发展呈轻微下降趋势。汉口港和宜昌港的转口贸易发展速度在 1890 年后有所增长，逐渐拉开与其他 8 个港口的距离。但是宜昌港的转口贸易发展趋势在 1906 年后逐步与其他港口重叠，而汉口港依旧保持了高于除上海外其他港口转口贸易的趋势。按 1919 年长江流域上各港口转口贸易值从高到低排序分别为：（1）上海港，其转口贸易值从 1864 年的 1970 万两增至 1919 年的 14591 万两，56 年间年均增长率为 3.7%。（2）汉口港，其转口贸易值从 1864 年的 3 万两增长至 1919 年的 1130 万两，56 年间年均增长率为 11.4%。（3）宜昌港，其转口贸易值从 1879 年的 0.02 万两增长至 1919 年的 320 万两，42 年间年均增长率为 27.4%。（4）镇江港，其转口贸易值从 1864 年的 50 万两增长至 1919 年的 121 万两，56 年间年均增长率为 1.6%。（5）芜湖港，其

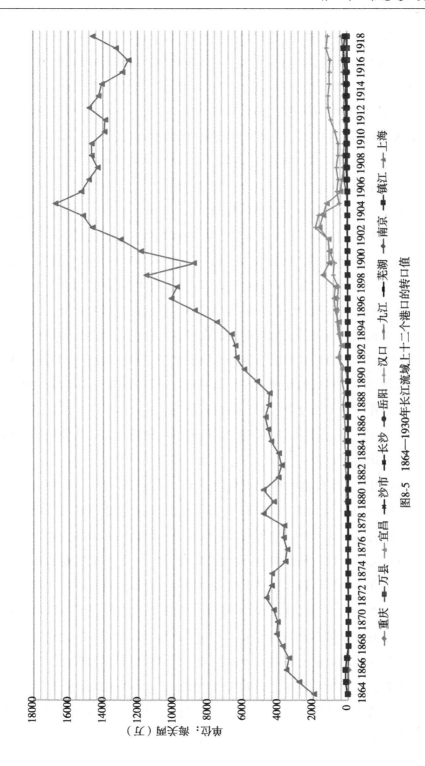

图8-5　1864—1930年长江流域上十二个港口的转口值

纵坐标：海关两（万）

→ 重庆 → 万县 → 宜昌 → 沙市 → 长沙 → 岳阳 → 汉口 → 九江 → 芜湖 → 南京 → 镇江 → 上海

转口贸易值从1877年的0.04万两增长至1919年的47万两，43年间年均增长率为18.3%。（6）南京港，其转口贸易值从1899年的0.2万两增长至1919年的40万两，21年间年均增长率为30.3%。（7）九江港，其转口贸易值从1864年的7万两增长至1919年的34万两，56年间年均增长率为2.9%。（8）长沙港，其转口贸易值从1904年的0.2万两增长至1919年的9万两，16年间年均增长率为28.9%。（9）万县港，其转口贸易值从1917年的1万两增长至1919年的9万两。由于统计年份只有三年，因而年均增长率较大，为200%。（10）沙市港，其转口贸易值从1899年的0.3万两增长至1919年的5万两，21年间年均增长率为15.1%。（11）岳阳港，其转口贸易值从1903年的0.2万两增长至1919年的3万两，17年间年均增长率为18.4%。（12）重庆港，其转口贸易值从1892年的0.03万两增长至1919年的0.4万两，28年间年均增长率为10.1%。

很明显，处于长江最上游的开埠港重庆不需要承载转运的功能，因而转运值最低。而位于长江入海口的上海港的转运值最高，承载了重要的转运作用。位于中游的开埠港口，汉口和宜昌它们的转运值仅次于上海，是长江中游重要的转运港口。而其他港口的转口贸易值较小，虽然随着时间推移皆有所增长，但在长江流域上的转运作用远不及上海、汉口和宜昌三港。

同样，由于上海港的转运值远高于其他港口，剔除上海港的数值能有利于观察其他港口转运值变化。

由图8-6可见，汉口港的转口贸易值在1879年后逐渐与其他各港口拉开明显距离。1864—1919年，汉口港的转口贸易值最高达1822万两（1903年），年均转口贸易值为458.5万两。中国近代海关于1878年开始对宜昌港进行对外贸易统计。宜昌港的转口贸易在1890年后开始猛增，一度与汉口港的转口贸易不相上下，甚至在一些年份超过汉口，成为中游最主要转运贸易港口。但宜昌港的转口贸易在1903年后开始猛降，1908年后趋于平稳缓慢发展，而汉口港却在这一时期保持中游重要转运港口的地位。1903年后，汉口和宜昌的转运值皆有所下降，这与长江流域上新开的港口有关。这一时间段新增了四个港口：1896年中国海关始有沙市的贸易统计，1899年新增南京，1900年新增岳阳，1904年新增长沙。这些港口的开埠分担了汉口和宜昌的转运贸易，一部分进口产品被直接运输到上述新增设的港口，因而这一时期汉口和宜昌的转运值有所下降。但汉口

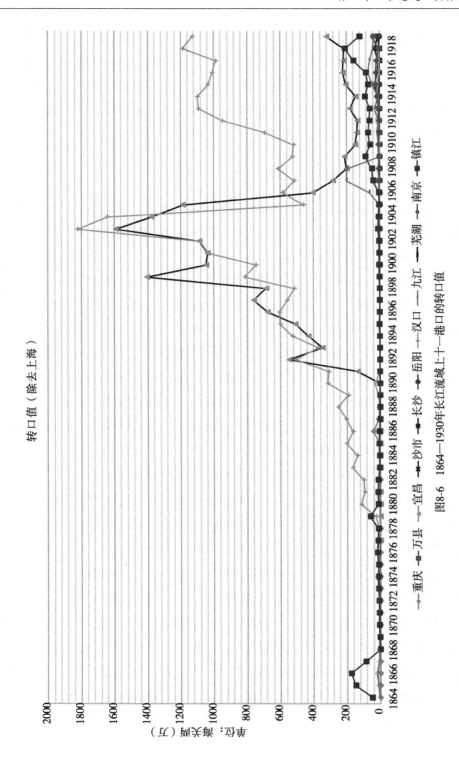

图8-6　1864—1930年长江流域上十一港口的转口值

的转运贸易并没有随着长江沿线增设更多开埠港口而一蹶不振，在短暂的下降后，汉口转运贸易从 1910 年开始再次提升，随着其他港口转运贸易的发展而增长。这在一定程度上说明长江沿线各港口的转运贸易并不是此消彼长的关系，而是共同发展的关系。随着对外贸易的不断开放，长江各开放口岸的埠际贸易也不断增长与扩大，埠际关系越来越紧密。

三、长江流域主要贸易网点

长江流域上的主要港口在进口贸易值、关税和进口产品数量上呈由下游到上游整体递减的趋势。这一方面与经济地理学中贸易活动区位理论相一致，从沿海到内地，对外贸易发展由强到弱。上海处于长江入海口，拥有得天独厚的地理位置优势。且上海的开埠时间最早，随着对外贸易的发展，城市建设、人口增长和文明开放程度的提高，市场对进口新产品的接纳度不断提高，因此上海在进口贸易量和进口产品种类数量上远高于其他中下游和晚开埠的港口。同时，上海港还承担了重要的进口产品转运功能，为长江沿线其他港口源源不断运输进口产品。由于绝大部分进口产品从上海港入关，所以上海港的转口贸易远超其他各港。中上游港口受运输费用和开放时间较晚因素的影响，对外贸易发展不及上海。另一方面，依托于城市规模，从长江下游到上游形成了三个主要贸易城市：下游的上海港、中游的汉口港和上游的重庆港。

这三个港口之间的其他开埠港口，即便开埠较早或者处于下游更接近沿海的位置，其进口贸易增长速度、进口贸易量和转口贸易值的发展趋势与前景，都比不上这三个主要港口。以镇江为例，虽然镇江与汉口几乎同时开埠，且同样拥有优越的地理位置条件——位于长江与京杭大运河交汇处，是长江三角洲城市群和江南经济腹地的重要城市、商业贸易转运中心，拥有汉口没有的临海优势、对外贸易交通便利，但镇江的对外贸易发展却不及汉口。1900 年前，汉口和镇江的进口贸易较相近，但 1900 年后，汉口的增长明显快于镇江，成为长江流域上地位第二的对外贸易港口。而镇江则趋同于其他较晚开埠的港口。随着上游重庆港的开埠和崛起，镇江所占的进口贸易比重进一步缩减。最终长江流域形成了以上海、汉口和重庆三个点为中心、其他港口沿线点缀分布的经济带。

第二节　各港关税比较

从上节内容，我们了解到虽然近代长江流域开埠的港口多达 12 个，但占贸易比重较大的港口只有主要几个。因此，本节将主要比较分析上海、镇江、汉口和重庆四口的关税发展。由于汉口于 1864 年、重庆于 1891 年开始有贸易统计数据，所以本节截取这两年的数据，并以 10 年左右为阶段观察 1864—1930 年长江流域主要开埠港口的关税变化。

一、进口正税比较

在上一章提过，中国近代实行协定关税制度，进口税率被规定为值百抽五，但不同关口的税率仍存在地区差异。因此，收集各港进口税数据可以了解不同港口关税水平间的差异。根据中国海关近代贸易数据，图 8-7 具体表示了 1864—1930 年上海、镇江、汉口和重庆四口的进口正税变化。

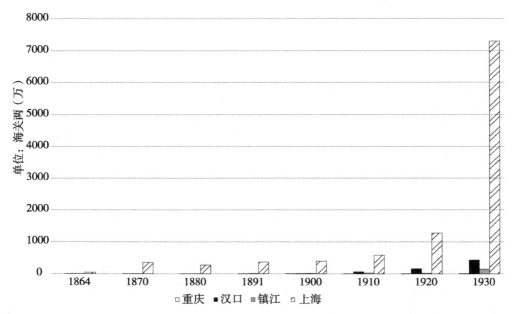

图 8-7　1864—1930 年上海、镇江、汉口和重庆的进口正税

1864—1930 年，上海的进口正税从 45 万两增至 7296 万两，镇江的进口正税从 0.3 万两增至 147 万两，汉口的进口正税从 1 万两增至 432 万两，年均增长率分别为 8%、9.8% 和 9.6%。三个港口的进口正税增长速度相近。1891 年重庆港没有进口正税收入，从 1892—1930 年重庆的进口正税从 0.0001 万两增至 9 万两，年均增长率为 18.9%。重庆的进口税增长率较高主要因为其实数据较低，并不代表增长速度较上海、镇江和汉口快。从图 8-7 中可以明显看出上海的进口正税远高于其他三港，汉口其次，镇江与重庆接近。

结合第一节所整理的四港进口净值，我们可以比较各港的关税水平变化，具体见图 8-8。

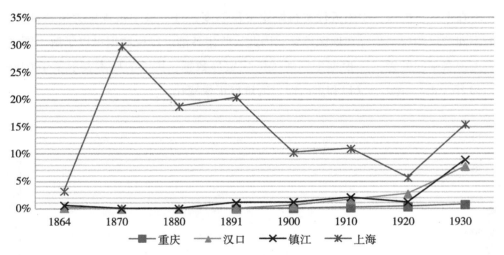

图 8-8　1864—1930 年上海、镇江、汉口和重庆的关税水平

除了上海的关税水平变化较起伏，其他三港的关税水平增长趋势较一致，且长期处于极其低迷的水平。1920 年后汉口和镇江的关税水平才逐渐超过 5% 的水平，而处于最上游的重庆其关税水平不超过 1%。这主要由于近代进口正税所征收的商品是直接进口，而长江流域上的各港口主要进口是经上海港的转运进口产品，因此上海港的进口正税和关税水平要远高于其他各港。由图 8-8 可见，上海的关税水平常年超过"值百抽五"的水平。

二、复进口税比较

复进口税,如上一章所述,是针对土货(国产商品)运输征收的税项,因此主要反映了各港口间土货的埠际贸易。图 8-9 展示了 1864—1930 年上海、镇江、汉口和重庆四口复进口税的变化。

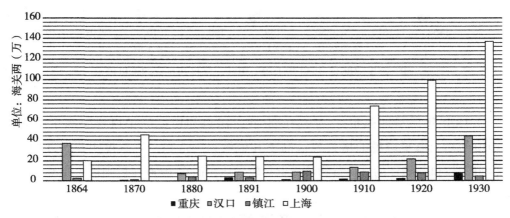

图 8-9 1864—1930 年上海、镇江、汉口和重庆的复进口税

1864 年开埠初期,汉口的复进口税要高于上海,但 1864 年后汉口的复进口税剧降。剧降的原因如上一章所述,与近代协定关税政策的调整有关。总体而言,上海与汉口复进口税的发展趋势呈凹弧形,低谷值在 1900 年前后。而上海的复进口税增长速度在 1900 年后明显高于汉口。镇江和重庆的复进口税发展趋势呈凸弧形,与上海和汉口正好相反。但镇江和重庆的复进口税值远不及上海和汉口。四港的复进口税发展在一定程度上反映了四港的土货贸易发展程度,这说明进口贸易发达的港口在国内贸易上同样具有主导和优势地位。

三、内地子口税比较

如上一章所述,内地子口税主要与洋货转运内地其他港口相关,因而在一定程度上反映了港口的进口货物转运贸易。图 8-10 具体展示了 1864—1930 年上海、镇江、汉口和重庆四口的子口税变化趋势。

由图 8-10 可见,镇江、汉口和重庆三口的子口税发展趋势呈凸弧形,而上

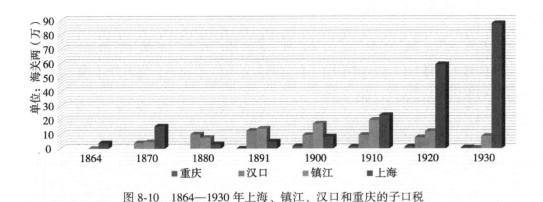

图 8-10　1864—1930 年上海、镇江、汉口和重庆的子口税

海在 1870 年后呈凹弧形。1880—1900 年，汉口和镇江的子口税要高于上海，1910 年后上海子口税的增长要远高于其他港口。这在一定程度上反映 1880—1900 年汉口与镇江的进口货物转运贸易较发达，而在 1900 年后则被上海赶超。

第三节　各港商品种类比较

一、进口商品总种类比较

本节主要比较近代长江流域进口贸易量较大的四个港口上海、镇江、汉口和重庆进口商品种类的变化。需要注意的是，1905 年近代海关对统计报告进行了一次简化调整，不少港口的贸易报告改为只统计主要进口产品，而非全部进口产品。而像上海和汉口这样重要的贸易港口，则依旧保持统计所有的进口产品。因此，镇江和重庆在 1905 年后只有主要进口产品的贸易统计。本节截取 1864 年（汉口贸易统计起始年份）、1891 年（重庆贸易统计起始年份）、1904 年（重庆和镇江仍保有所有进口产品统计）和 1919 年（1919 年后近代海关统计调整为归纳统计全国进口产品，而不再按各港口进口产品进行统计）这四年的数值，观察长江上游、中游和下游重要港口进口商品种类的变化，其具体发展趋势如图 8-11 所示。

上海无疑是长江流域开埠港口中进口商品种类数量最多的港口，从 1864 年

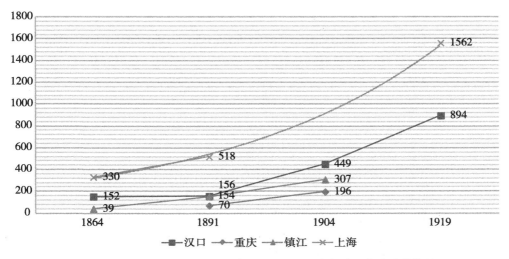

图 8-11　1864—1919 年上海、镇江、汉口和重庆的进口商品种类数量

的 330 个增长至 1919 年 1562 个，年均增长率为 2.9%。汉口从 1864 年的 152 个增长至 1919 年的 894 个，年均增长率为 3.3%。镇江从 1864 年的 39 个增长至 1904 年的 307 个，41 年间年均增长为 5.3%。重庆从 1891 年的 70 个增长至 1904 年的 196 个，14 年间年均增长为 8.2%。另外，1891 年前，位于长江下游的两港上海和镇江，其进口商品数量增长速度快于位于中游的汉口，但 1891 年后，汉口的发展速度快于镇江，几乎与上海持平。而较晚开埠的重庆，其进口商品数量增长速度与较早开埠的镇江相似。总体而言，结合本章第一节所述各港口进口净值可以看出，四港的进口产品数量与进口贸易量发展趋势基本相同。

二、不同类型进口商品种类比较

按棉织品、毛织和其他织品、金属和矿物品、杂货这四种不同类型观察四港的产品种类增长，具体可见图 8-12。

1864—1919 年四港的棉织品、毛织和其他织品和杂货的产品种类发展趋势相似，只有金属和矿产品有轻微不同。棉织品以及毛织和其他织品的产品种类更多反映了居民对衣物的需求，四港没有显著差距。在杂货产品种类上，上海的杂货产品种类数量要明显高出其他三港。杂货类型下的产品不仅包括食品还包括生活

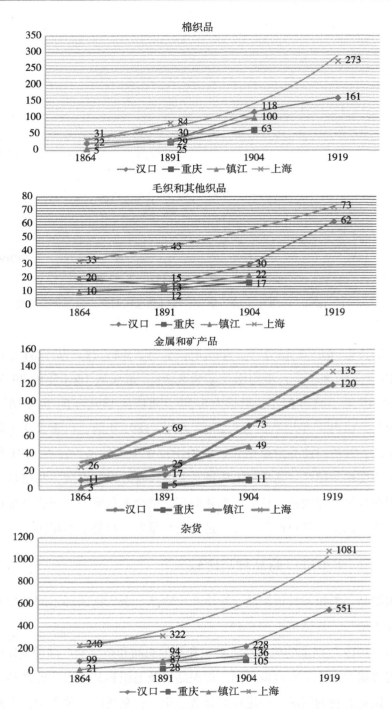

图 8-12　1864—1919 年上海、镇江、汉口和重庆的四种类型产品种类

用品。杂货种类的多少一定程度上反映了居民物质生活水平和购买力水平。虽然汉口是内陆贸易中心港口，但与临海的上海港存在明显区别。1864—1891 年，镇江的金属和矿产品种类增长速度快于汉口。但 1891 年后，汉口金属和矿产品种类的增长速度明显加快，趋同于上海。这一时期汉口金属和矿产品种类的快速增长与汉口本地市场需求增长紧密相关，也证明了近代汉口重要的工业地位。

第九章 结论与启示

通过具体分析近代汉口开埠与贸易发展，本书论述了对外开放的贸易利益效应，以收集、整理和分析近代汉口港贸易数据的方法，为坚持实施和进一步深化对外开放政策提供实证经验。现代中国的对外开放始于 20 世纪 80 年代，许多学者针对改革开放后的贸易利益作出了细致研究。然而，有些地区在改革开放政策的支持下能迅速发展起来，有些地区则发展相对缓慢。这一现象与这些地区的历史积累有着紧密联系。对外开放不是某一段时期、某一个阶段内需要面对的问题，而是一个长期发展和缓慢积累的过程。考察近代汉口港的开埠及其后续对外贸易增长可以帮助我们了解早期对外开放是如何为现代汉口的经济发展积累丰厚的基础条件。因此，总结来看本书具有以下三个特点：

（1）关注历史的重要性。某个地区贸易的成功发展涉及方方面面，除了"先天"决定的地理位置因素，还有"后天"决定的人为因素。先天因素难以改变，但后天因素可以改变。历史因素属于人为因素中既定的因素，因此比较特殊。不少国内外经济学家研究了历史对地区经济发展的影响，他们大多认为历史因素具有重要且深远的影响作用。尤其对于区域经济学和地理经济学的学者来说，历史因素具有一定的固生性，能长期影响一个地区。因此，他们在分析某一地区的经济发展时，会重点考察该地区的历史背景，才能更准确地作出实证研究。Jia（2011）认为，许多近代对外开放港口享受历史因素带来的福利，这些在近代拥有开埠港的地区，在社会开放度、知识水平、人力资源等方面较近代没有开放港口的地区拥有优势，经济增长率在改革开放后也较高。本书通过收集历史资料和分析历史数据，还原了一部分近代汉口贸易发展具体情况，进一步考察了是什么因素导致拥有开放港口的近代汉口积累了有利于经济发展的优势。

（2）关注贸易利益的重要性。强调贸易利益不等于忽略贸易产生的负面作用。一方面，我们必须了解近代对外贸易负面作用产生的原因。近代之所以是非常特殊的历史时期，主要因为绝大多数贸易协议、条规和政策都带有单边优惠的不平等性质。同时，发达国家与落后国家之间的贸易本就存在诸多不对等的问题，比如发达国家可以出口工厂生产的制成品、技术和先进设备，而落后国家只能出口未加工的原料、自然资源和手工制品，进而导致落后国家始终陷于贸易劣势的地位。19世纪下半叶到20世纪上半叶，西方各国工业生产和企业经营早已发展成熟，拥有先进的技术和从业人员，在各行业占领世界领先地位。而中国则刚刚从完全封闭的传统手工业中走出来，工业从无到有。在这样的环境下被迫与外国展开对外贸易，其所受到的冲击是前所未有的。对于近代开埠地区，大多对外贸易和工业建设的经验从零开始积累。在这样的情况下对于贸易双方而言，外国拥有绝对主导的优势。

另一方面，我们更需要了解对外开放能带来哪些方面的利益，这样才能为实行进一步、更好的开放做充分准备。过去针对近代开放港口经济发展的研究主要专注于开放的"双刃剑"作用，强调对外贸易带来的正反面效应。这些研究从传统经验主义的角度出发，常常将中外双方从贸易中取得的利益视为此消彼长的关系，但近年来针对贸易利益的研究则更多关注于如何才能让贸易利益最大化。用现代国际贸易理论去重新审视近代对外开放的意义必然会产生一些问题，比如近代时期市场的竞争程度和企业生产力远不如现代时期，进口商品种类与现代相比只占极小的部分，对外贸易带来的人民生活水平和消费者福利提高也远不及现代。但就近代的社会发展情况而言，对外开放仍带来了翻天覆地的变化。开埠后，汉口对外贸易从无到有，随着进口的快速增长，越来越多的进口产品进入当地市场，极大地增加了消费者的选择范围，新产品为消费者带来了更高的效用。外国工业化生产比汉口本地传统手工业生产效率高，大规模生产不断降低进口产品的价格，使得消费者能买到更便宜的商品。受外国工厂、商行和金融机构经营模式的影响，汉口本土商人通过学习模仿建立了华资工厂、企业和银行等新式贸易组织。近代汉口海关的创建和管理也为贸易和关税规范作出贡献。开埠所产生的贸易利益虽不能完全套用现代国际贸易理论进行解释，但仍能为衡量近代时期对外开放的贸易利益提供框架。

（3）关注中部贸易港口的重要性。虽然汉口港不像海港那样属于"超级"对外贸易港口，即临海面向太平洋海运航线又位处中国重要贯穿东西的长江航运入海口，但汉口港位处长江中游、中部地区中心位置，具有一定的特殊性。具体分析汉口港的贸易发展，能为同类型内陆港口提供重要参考。改革开放后，国内沿海的港口最先发展起来，带动了沿海城市的经济发展。国家随后提出中部崛起的发展战略。而在近代时期，上海也是第一批开放的港口，汉口港随后开埠。这样从沿海到内陆，从东向西的开放步骤与模式不约而同。因此，研究近代汉口港的崛起历史有助于为现代中部地区和中部城市经济发展提供历史借鉴和经验。近代汉口港是重要的埠际中转站和商业中心聚集地，其对外开放的经济效应不仅影响了长江流域经济发展，更影响了中部地区邻近各省。上海港的发展经验能为临海港口发展提供经验借鉴，而汉口港能更好地为许多内陆港口提供贴切的参考。

本书的主体部分按篇章论述了近代汉口对外开放带来的不同方面的贸易利益，它们分别为贸易组织发展、进口扩大、商品种类增加、海关与关税变化以及长江埠际贸易网。通过收集、整理和分析近代汉口史料和海关贸易数据，本书认为近代汉口开埠的贸易利益效应可概括总结为以下四个主要方面：

（1）贸易组织与贸易利益。贸易组织是对外贸易发展的承载体，发展对外贸易必须依靠与时俱进的贸易模式。汉口开埠带来的巨大改变是首先让外国贸易公司和工业工厂进入本地，这种"植入"极大加快了汉口原本的经济发展进程。洋行、外资工厂和外资银行最先进入汉口市场，随后汉口本土贸易组织开始进行淘汰与革新反复淬炼，逐渐形成了适应近代市场需求的贸易组织形式。清末时期，政府资本率先进入汉口市场，随后私人资本也随着对外贸易的发展而积累起来，在民国时期占领了一部分市场。

本土贸易组织通过学习和仿效西方企业的生产、经营和管理模式节省部分自身摸索的时间，同时通过引进西方机器设备、技术和专业技术人员，本土贸易组织节省部分昂贵的研发费用。虽然这样的贸易利益难以量化衡量，但从汉口新式企业、工厂和金融机构数量的增长和本地生产力的提高可以看出贸易组织发展所获得的贸易利益。同时，随着市场竞争对资本的优化，中外资本开始合作运营企业，资本投资形式的多样化同样有利于中外双方获取贸易利益。销售国内外产品的商铺为居民和商人提供便利的购买、销售场所，现代化的金融机构为居民和商人提供储蓄服务和资金贷款服务，这些服务同商品贸易一样，带来了服务贸易利益。

（2）扩大进口与贸易利益。通过利用近代海关贸易数据，本书具体分析了近代汉口进口净值变化、近代汉口转口贸易值变化、近代汉口进口净值占贸易净值比重和近代汉口进口净值占全国比重等。从分析近代汉口贸易数据的过程中，我们可以更清楚了解近代汉口对外开放不同阶段的不同特点。近代汉口进口贸易发展可简化分为两个时期：一是1864—1894年缓慢发展时期，二是1895—1930年加速发展时期。从开埠到19世纪末，汉口对外贸易经历了30多年的缓冲过渡期。缓慢的增长原因，主要源于清末政治体制的落后，这也说明地方对外贸易没有政府政策的支持发展维艰。从20世纪开始，汉口进口贸易发展增速，主要由于落后的政治体制已经解体，清政府失去了保守和封闭的管控能力，加上当时统领汉口的地方官僚采取了较为积极的开放政策，因此进口贸易加速增长。进口扩大为汉口带来了显而易见的贸易利益，主要包括满足市场需求、推动本地消费、刺激本地贸易市场活力。开埠前，消费者只能买到本地或国内生产的手工制品；开埠后，消费者能便利地购买到更多国家和地区工厂批量生产的制成品。

进口扩大推动了本地产业发展、优化市场结构、改善对外贸易环境。进口产品在市场上的流行让本地商人意识到新产品的商机，为了提高本土商品的竞争力，商人会不断提高商品质量，改进产品生产工艺、提高企业生产效率，加快产品创新和品牌化。产品的多元化和品质化将会更好地满足消费者需求。为了维持自身利益，消费者会要求继续实行对外开放以便获得更多的贸易利益，这样保守和封闭的贸易政策将难以回归，政府为了与他国建立长期健康的贸易关系并为国内企业提供更多的商业机会，将会研究和推行有利于改善对外贸易环境的政策和措施。

（3）进口商品种类与贸易利益。按近代海关对进口产品进行分类，主要分为棉织品、毛织品和其他织品、金属和矿产品以及杂货，在此基础之上，本书将杂货这一大类分为食品类杂货和非食品类杂货，对不同类型下产品种类、数量和价格变化进行细致分析。从数据分析的结果来看，对外开放无疑极大增加了进口商品种类和数量，使近代汉口消费者拥有更多选择空间，从衣着和食品到日用百货，从一般产品到奢侈产品，满足了消费者方方面面的生活物资需求。同时，进口产品还为本地工业发展提供了大量原料和设备，满足了当地工业发展需求。通过数据分析发现，近代汉口不同类型下产品种类增长最明显的是杂货类，其次是棉织品类，再次是金属和矿产品类，最后是毛织和其他织品类。增长最明显的前两类是直接消费品，金属和矿产品属于工业原料，在后期逐渐超越毛织和其他织品，这在一定程度上反映了近代进口商品结构的调整。

种类的增加提高了当地居民的生活质量，开埠前，供给汉口居民日常百货需求的主要是当地或国内手工业制造的产品，手工业的供给量有限，且因为生产方式限制了生产规模和效率，所以其产品价格不具备工业机器生产产品所拥有的价格弹性。开埠后，大规模工业化生产的产品进入汉口市场，降低了大部分产品的价格，消费者可以从更便宜、质量更好的产品中获得更多贸易利益。

（4）贸易网络与贸易利益。近代汉口占长江流域对外贸易重要比重，仅次于上海，是中游地区最大的贸易港口。近代时期，长江流域对外开放港口大体由东向西逐渐增多。本书主要比较了重庆、万县、宜昌、沙市、长沙、岳阳、汉口、九江、芜湖、南京、镇江和上海的进口贸易、转口贸易，以及较大贸易港口上海、镇江、汉口和重庆四口岸的关税和进口商品数量。通过数据分析，本书发现近代长江流域对外开放港口在近65年贸易发展过程中逐渐形成了以下两种模式：①以上、中、下游中心城市为主要贸易港口，其他沿线港口带状点缀分布的模式；②从下游到上游进口贸易逐渐递减的模式。下游以上海港为中心，外围港口有镇江、南京和芜湖；中游以汉口港为中心，外围港口有九江、长沙、岳阳和宜昌；上游以重庆港为中心，外围港口有万县。最先开放的港口带动了后开放港口的贸易，汉口开埠后，其进口产品主要来源于上海港。随着汉口港自身的贸易发展承担了更多转口贸易的职能，周边港口的进口贸易也随之增长。工业发展随贸易开放从点到带推行开来，加快了这些地区的现代化进程。中心港口城市与周围乡镇之间出现工业制成品与农副产品的劳动分工体系，乡镇逐步成为城市经济体系。通过埠际贸易，长江流域形成了来往密切的经济网，带动长江沿线省份的经济发展，促进近代国内市场一体化的初步成形。埠际贸易打破了地区间原本封闭、局限的状态，加速了商品、劳动力、资本和知识等各生产要素的流通速度，加强了区域间的合作与竞争，带动了各个地区的外向化经济增长。

本书还发现较早开放的港口拥有一定贸易优势，但这种优势不是绝对的，后开埠的港口可能因为拥有较大市场潜能而逐渐超越早期开埠港口，重庆港就是最好的例子。重庆港开埠较镇江港晚近 30 年，但是重庆港进口贸易在民国初期赶超镇江港。另外，1899 年开始有贸易统计的南京港在民国中期一度超越除上海和汉口外其他长江流域各港口的进口贸易。这在一定程度上说明：①后开放的港口可以通过学习借鉴早期开放港口的经验快速发展起来，甚至赶超早期开放港口。②开放港口的对外贸易长期发展依托于地区建设和城市发展，较大的城市拥有更多大市场需求，能为港口贸易发展提供内需动力。

总结主体部分论证内容，本书能为当今汉口对外开放和贸易发展以及与汉口类型相类似地区提供以下主要四点启示：

（1）主动开放代替被动开放。近代汉口开埠后的近 30 年里，对外贸易发展缓慢，这主要由于从中央到当地政府实施了消极、被动甚至反抗的政策应对开放。政府各级官员对开放贸易不主动、不情愿的态度直接影响了贸易各个部门的效率，增加了监督和管理贸易的制度成本，滋生了腐败。从 20 世纪初开始，清末政府实行了有助于对外贸易的新政，汉口当地政府也受领导人决策影响实施了一些促进贸易开放的措施，这使汉口进口贸易明显加快增长速度。因此，为促进当今港口及港口依托城市的进一步对外开放，当地政府应以更加主动的态度应对开放，而非固步自封，为维持旧状或为过度保护当地企业而实行消极的应对措施，以繁琐的手续流程、昂贵的制度成本和不规范、不透明的市场秩序管理方式阻碍外来企业、资本和技术进入本地市场。

（2）重视关键人物对贸易发展的突出贡献。首先，当地政府官员的支持必不可少。张之洞作为清末大官僚对推动近代汉口对外开放起到了功不可没的重要作用。张之洞在督鄂后大力推行洋务运动，于 19 世纪 90 年代创办一系列工业工厂，修建多条铁路，培养和引进专业人员，创办新式学校发展教育等。作为当地高阶官员——湖广总督，张之洞一方面有权力实施对本地贸易有利的政策措施，另一方面拥有清政府划拨的资金，可以投资和建设与对外贸易相关的产业和基础设施。张之洞督鄂后，汉口进口贸易有显著增长。尤其是金属和矿产品类型下进口产品种类和数量的增长与张之洞大力发展当地实业有密不可分的关系。虽然张之洞是近代先进领先人物，但他仍存在目光不够长远和所做决策缺乏科学指导的问题，比如他将汉阳铁厂定址于他所驻官府对岸，而非拥有矿产资源的大冶，这不符合科学的工业区位。最终导致铁厂需要支付昂贵的原料运输费，常年入不敷出，需要通过大量借贷才能维持运营。这说明要成功指导地方经贸发展，关键领导人物不仅要拥有先进、发展的眼光和积极、主动的意愿去推动对外开放，还需要有科学的指导和专业技术知识的帮助。对于深化现代地区贸易开放，这些特征和要求同样适用。

其次，本地企业家对地方经济的促进作用。近代汉口私营企业家是推动当地实业发展的主体。不少本地商人在从事对外贸易的过程中积累了原始资本，他们通过投资和创办商铺、工厂和钱庄等夺回了一部分被外国资本统治的本地市场，有利于平衡市场结构，为本地贸易长远、健康发展创造了基础。著名的本地企业家，如刘歆生、周仲宣、刘子敬和赵典之等人，不仅从事贸易活动，生产大量有品种保证、能与进口产品竞争的本土产品，还积极参与城市基础设计建设，一定程度上提高了社会福利。因此，为推动现代汉口贸易发展，地方应培养具有企业家精神的商人，出台更多鼓励商贸发展的政策措施改善贸易环境，为本地企业家提供更多商机。本地成功的企业家除了发展自身企业，不断做强做大，还应回馈社会，投资有利于提高社会福利的项目。

（3）采取适当的关税政策和设置适度的关税税率。本书通过研究近代汉口关税和贸易发展发现，并非一味降低进口关税才是获取对外开放贸易利益的最佳途径。近代由于实行协定关税制度，汉口进口关税一直处于低级水平。但是这样的关税水平并没有令汉口进口贸易突飞猛进，相反，汉口进口贸易在开埠后的近30年内发展极为缓慢，1864—1894年的年均增长率仅为2.1%。1894年后，汉口进口正税有所增长，1895—1930年汉口进口贸易年均增长率仅为4.2%，增加了1倍。清末和民国年间，进口关税提高、关税更加自主后，进口贸易发展速度明显加快。从贸易数据和近代历史来看，更为平等的贸易条件和贸易双方共赢的局面才是进口贸易长远发展的基石。虽然低关税会吸引外国企业和资本进入内地市场，但据近代汉口的贸易数据显示，被外资和外国产品充斥的失衡市场并不利于贸易增长。因此，近代汉口发展经验对于现代对外开放的警示是降低关税可以将外国商品和资本迅速引进，但仍需谨防过度下降关税所带来的负面影响。

（4）以点成带发展长江埠际贸易体系。近代开放港口的贸易发展促进了产业聚集，逐渐形成了以上中下游主要城市为贸易中心、其他临近港口地区为外围的

"中心—外围模式"。近代时期，汉口进口贸易常年维持在长江流域或者全国第二的位置，仅次于上海。作为中部地区重要港口，与汉口联系最紧密的临近开放港口包括宜昌、岳阳、长沙和九江，其贸易溢出效应覆盖了湖北、湖南、江西、安徽和河南等省。张之洞选址在汉口发展官办工业，且许多富商选择在汉口发展实业，这都加速了汉口工业的聚集效应。汉口经济的发展吸引了大量人口，为汉口本地提供了优秀的人力资源，同时还扩大了汉口需求市场。随着汉口城市的扩大，周边乡镇地区开始服务于汉口，形成城市-农村经济网。汉口成为长江中游贸易中心的同时，起到了联系下游和上游的疏通作用，上海的转口贸易源源不断地输入长江内陆沿线，汉口再将进口商品转运到中部腹地和上游地区，为长江沿线贸易与经济发展作出重要贡献。当今发展埠际贸易的意义在于可以有力支持新一轮全方位的开发、开放，推动由沿海向内陆地区的经济增长，加快形成东、中、西区域的良性互动与协调发展。

近代开放港口与经济发展还有诸多可待挖掘的地方，本书仅从对外开放的贸易利益效应展开分析，近代海关贸易数据仍待继续开发利用。

参 考 文 献

[1] Daron Acemoglu, Pol Antràs, and Elhanan Helpman. Contracts and Technology Adoption [J]. American Economic Review, 2007, 97 (3): 916-943.

[2] Redding S. J. Amiti M., Weinstein D. E. The Impact of the 2018 Tariffs on Prices and Welfare [J]. Journal of Economic Perspectives, 2019, 33 (4): 187-210.

[3] Adina Ardelean, and Volodymyr Lugovskyy. Domestic Productivity and Variety Gains from Trade [J]. Journal of International Economics, 2010, 80 (2): 280-291.

[4] Costas Arkolakis, Arnaud Costinot, and Andrés Rodríguez-Clare. New Trade Models, Same Old Gains? [J]. American Economic Review, 2012, 102 (1): 94-130.

[5] Paul S. Armington. A Theory of Demand for Products Distinguished by Place of Production [J]. Staff Papers, 1969, 16 (1): 159-178.

[6] Andrew Atkeson, and Ariel Burstein. Pricing-to-Market, Trade Costs, and International Relative Prices [J]. American Economic Review, 2008, 98 (5): 1998-2031.

[7] Andrew Atkeson, and Ariel Tomas Burstein. Innovation, Firm Dynamics, and International Trade [J]. Journal of Political Economy, 2010, 118 (3): 433-484.

[8] Giuseppe Berlingieri, Holger Breinlich, and Swati Dhingra. The Impact of Trade Agreements on Consumer Welfare: Evidence from the EU Common External Trade Policy [J]. Journal of the European Economic Association, 2018, 16 (6):

1881-1928.

[9] Andrew B. Bernard, and J. Bradford Jensen. Exceptional Exporter Performance: Cause, Effect, or Both? [J]. Journal of International Economics, 1999, 47 (1): 1-25.

[10] Andrew B. Bernard, et al. Plants and Productivity in International Trade [J]. American Economic Review, 2003, 93 (4): 1268-1290.

[11] Andrew B. Bernard, J. Bradford Jensen, and Peter K. Schott. Trade Costs, Firms and Productivity [J]. Journal of monetary Economics, 2006, 53 (5): 917-937.

[12] Andrew B. Bernard, et al. Firms in International Trade [J]. Journal of Economic Perspectives, 2007, 21 (3): 105-130.

[13] Henrik et al. Braconier. In Search of FDI-Transmitted R&D Spillovers: A Study Based on Swedish Data [J]. Review of World Economics, 2001, 137 (4): 644-665.

[14] Jeffrey R. Campbell, and Hugo A. Hopenhayn. Market Size Matters [J]. The Journal of Industrial Economics, 2005, 53 (1): 1-25.

[15] Edward Chamberlin. The Theory of Monopolistic Competition [M]. Cambridge: Harvard University Press, 1933.

[16] Bo Chen, and Hong Ma. Import Variety and Welfare Gain in China [J]. Review of International Economics, 2012, 20 (4): 807-820.

[17] Pierre-Philippe Combes, Thierry Mayer, Jacques-François Thisse. Economic Geography: The Integration of Regions and Nations [M]. Princeton University Press, 2008.

[18] Avinash K. Dixit, and Joseph E. Stiglitz. Monopolistic Competition and Optimum Product Diversity [J]. The American Economic Review, 1977, 67 (3): 297-308.

[19] Robert C. Feenstra. New Product Varieties and the Measurement of International Prices [J]. The American Economic Review, 1994: 157-177.

[20] Masahisa Fujita, Paul R. Krugman, and Anthony Venables. The Spatial

economy: Cities, Regions, and International Trade [M]. Cambridge: MIT Press, 1999.

[21] Gene M. Grossman, and Elhanan Helpman. Comparative Advantage and Long-Run Growth [J]. National Bureau of Economic Research, 1989.

[22] Jerry A. Hausman. Exact Consumer's Surplus and Deadweight Loss [J]. The American Economic Review, 1981, 71 (4): 662-676.

[23] Eli F. Heckscher. The Effect of Foreign Trade on the Distribution of Income [M]. Philadelphia: Blakiston, 1919 (1949).

[24] Elhanan Helpman, and Paul R. Krugman. Market Structure and Foreign Trade: Increasing Returns, Imperfect Competition, and the International Economy [M]. Cambridge: MIT Press, 1985.

[25] Hugo A. Hopenhayn. Entry, Exit, and Firm Dynamics in Long Run Equilibrium [J]. Econometrica, 1992: 1127-1150.

[26] Harold Hotelling. Stability in Competition [J]. The Economic Journal, 1929, 39: 41-57.

[27] Ruixue Jia. The Legacies of Forced Freedom: China's Treaty Ports [J]. Review of Economics and Statistics 2014, 96 (4): 596-608.

[28] Wolfgang Keller, Ben Li, and Carol H. Shiue. China's Foreign Trade: Perspectives from the Past 150 Years [J]. The World Economy, 2011, 34 (6): 853-892.

[29] Wolfgang Keller, Javier Andres Santiago, and Carol H. Shiue. Foreigners Knocking on the Door: Trade in China During the Treaty Port Era [J]. National Bureau of Economic Research, 2016.

[30] Paul Krugman. Increasing Returns, Monopolistic Competition, and International Trade [J]. Journal of International Economics 1979, 9 (4): 469-479.

[31] Paul Krugman. Scale Economies, Product Differentiation, and the Pattern of Trade [J]. The American Economic Review, 1980, 70 (5): 950-959.

[32] Paul Krugman. Geography and Trade [M]. Cambridge: MIT Press, 1991.

[33] Kelvin Lancaster. Socially Optimal Product Differentiation [J]. American

Economic Review, 1975, 65 (4): 567-585.

[34] Wassily Leontief. Domestic Production and Foreign Trade; The American Capital Position Re-Examined [J]. Proceedings of the American Philosophical Society, 1953, 97 (4): 332-349.

[35] Robert E. Lucas Jr. On the Mechanics of Economic Development [J]. Journal of Monetary Economics, 1988, 22 (1): 3-42.

[36] Paolo Manasse, and Alessandro Turrini. Trade, Wages, and "Superstars" [J]. Journal of International Economics, 2001, 54 (1): 97-117.

[37] Harry Markowitz. Portfolio Selection [J]. The Journal of Finance, 1952, 7 (1): 77-91.

[38] Alfred Marshall. Principles of Economics (8th ed.) [M]. Macmillan, 1890.

[39] M. J. Melitz. The Impact of Trade on Intra-Industry Reallocations and Aggregate Industry Productivity [J]. Econometrica, 2003, 71 (6): 1695-1725.

[40] John Stuart Mill. Principles of Political Economy with Some of Their Applications to Social Philosophy (Ashley ed.) [M]. 7th ed. London: Longmans, Green and Co., 1848 (1909).

[41] D. B. Nguyen. A New Examination of the Impacts of Regional Trade Agreements on International Trade Patterns [J]. Journal of Economic Integration, 2019, 34 (2): 236-279.

[42] Alessandro Nicita. The Price Effect of Tariff Liberalization: Measuring the Impact on Household Welfare [J]. Journal of Development Economics, 2009, 89 (1): 19-27.

[43] Bertil Ohlin. Interregional and International Trade [M]. Cambridge: Harvard University Press, 1933.

[44] Thomas G. Rawski. Economic Growth in Prewar China [M]. Berkeley: University of California Press, 1989.

[45] Stephen Redding, Mary Amiti, and David Weinstein. The Impact of the 2018 Trade War on US Prices and Welfare [J]. National Bureau of Economic Research, 2019.

[46] David Ricardo. The Works of David Ricardo (McCulloch ed.) [M]. London: John Murray, 1817 (1888).

[47] Joan Robinson. The Economics of Imperfect Competition 1933 [M]. London: Macmillan, 1933.

[48] Paul M. Romer. Increasing Returns and Long-Run Growth [J]. Journal of Political Economy, 1986, 94 (5): 1002-1037.

[49] William T. Rowe. Hankow: Commerce and Society in a Chinese City, 1796-1889 [M]. Stanford: Stanford University Press, 1984.

[50] Adam Smith. An Inquiry into the Nature and Causes of the Wealth of Nations (Cannan ed.). Volume 1 [M]. London: Methuen, 1776 (1904).

[51] Billy KL and Ramon Hawley Myers So. The Treaty Port Economy in Modern China: Empirical Studies of Institutional Change and Economic Performance [M]. Berkeley: Institute of East Asian Studies, 2011.

[52] Chad Syverson. Market Structure and Productivity: A Concrete Example [J]. Journal of Political Economy, 2004, 112 (6): 1181-1222.

[53] Jacques-François Thisse. Economics of Agglomeration, in *Oxford Research Encyclopedia of Economics and Finance*, Oxford: Oxford University Press, 2019.

[54] Prabheesh K. P. Vidya C. T., Sirowa S. Is Trade Integration Leading to Regionalization? Evidence from Cross-Country Network Analysis [J]. Journal of Economic Integration, 2020, 35 (1): 10-38.

[55] Stephen Ross Yeaple. A Simple Model of Firm Heterogeneity, International Trade, and Wages [J]. Journal of International Economics, 2005, 65 (1): 1-20.

[56] 曾兆祥. 湖北近代经济贸易史料选辑 [M]. 武汉: 湖北省志贸易志编辑室, 1988.

[57] 常旭. 中国近代煤油埠际运销与区域消费 (1863—1931) [J]. 中国经济史研究, 2016, (6): 81-92.

[58] 陈晋文. 国民政府战前对外贸易政策经济绩效分析 [J]. 晋阳学刊, 2016, 6: 59-70.

[59] 陈均，任放．世纪末的兴衰 [M]．北京：中国文史出版社，1991.

[60] 陈倩．开埠前后的汉口茶市 [J]．湖北经济学院学报（人文社会科学版），2007，4（9）：33-34.

[61] 李伟，陈勇兵，钱学锋．中国进口种类增长的福利效应估算 [J]．世界经济，2011，（12）：76-95.

[62] 董明藏．汉口花旗银行的掠夺 [M]．北京：中国文史出版社，2001.

[63] 杜宏英．汉口宁波帮 [M]．北京：中国文史出版社，2010.

[64] 樊卫国．近代上海经济社会功能群体与社会控制 [J]．上海经济研究，2001，（10）：65-69.

[65] 方秋梅．近代汉口市政研究（1861—1949）[M]．北京：中国社会科学，2017.

[66] 费正清．剑桥晚清史 [M]．北京：中国社会科学出版社，1983.

[67] 冯天瑜，陈锋．武汉现代化进程研究 [M]．武汉：武汉大学出版社，2002.

[68] 高瑞华．五口通商后福州港对外茶叶贸易的兴衰 [J]．广东茶业，2019，4

[69] 郭蕴深．汉口地区的中俄茶叶贸易 [J]．江汉论坛，1987，（1）：63-67.

[70] 胡永弘．汉口的报关行 [J]．武汉文史资料，1997，（4）：79-81.

[71] 李一翔．论长江沿岸城市之间的金融联系 [J]．中国经济史研究，2002，（1）：36-47.

[72] 林矗．通商口岸，新式教育与近代经济发展：一个历史计量学的考察 [J]．中国经济史研究，2017，（1）.

[73] 刘富道．汉口徽商 [M]．武汉：武汉出版社，2015.

[74] 刘剀．晚清汉口城市发展与空间形态研究 [M]．北京：中国建筑工业出版社，2010.

[75] 刘晓航．大汉口：东方茶叶港 [M]．武汉：武汉大学出版社，2015.

[76] 罗威廉．汉口：一个中国城市的商业和社会（1796—1889）[M]．北京：中国人民大学出版社，2005.

[77] 罗威廉．汉口：一个中国城市的冲突和社区（1796—1895）[M]．北京：中国人民大学出版社，2008.

[78] 吕一群．晚清汉口贸易的发展及其效应 [D]．华中师范大学，2009.

[79] 马欢. 1884—1939 年中药材埠际贸易的变迁研究 [J]. 历史地理研究，2020，(1): 137-144.

[80] 宁波市政协文史委. 汉口宁波帮 [M]. 北京：中国文史出版社，2009.

[81] 皮明庥. 近代武汉城市史 [M]. 北京：中国社会科学出版社，1993.

[82] 皮明庥，吴勇. 汉口五百年 [M]. 武汉：湖北教育出版社，1999.

[83] 钱学锋等. 中国的贸易条件真的持续恶化了吗？——基于种类变化的再估计 [J]. 管理世界，2010，7: 18-29.

[84] 钱学锋等. 进口种类与中国制造业全要素生产率 [J]. 世界经济，2011，(5): 3-25.

[85] 任放. 论印度茶的崛起对晚清汉口茶叶市场的冲击 [J]. 武汉大学学报（人文科学版），2001，54 (4): 461-465.

[86] 张夏，施炳展. 中国贸易自由化的消费者福利分布效应 [J]. 经济学：季刊，2017，(4): 189-216.

[87] 石莹. 清代汉口的竹木市场及其规模分析 [J]. 中国经济史研究，2015，(1): 110-121.

[88] 寿充一，寿乐英. 外商银行在中国 [M]. 北京：中国文史出版社，1996.

[89] 唐浩明. 张之洞 [M]. 北京：北京出版社，2011.

[90] 唐巧天. 上海与汉口的外贸埠际转运 [J]. 社会科学，2008，(9): 177-188.

[91] 陶良虎. 20 世纪 30 年代汉口对外贸易衰退原因辨析 [J]. 江汉论坛，1999，(6): 88-91.

[92] 王保民. 汉口各行帮业及其贸易 [J]. 武汉文史资料，1994，(2): 81-84.

[93] 王汗吾，吴明堂. 汉口五国租界 [M]. 武汉：武汉出版社，2017.

[94] 王明喜，王明荣，王飞. 产品多样化视角下中国进口贸易利益估算 [J]. 统计研究，2015，(12): 46-53.

[95] 王铁崖. 中外旧约章汇编 [M]. 上海：三联书店，1957.

[96] 王永年. 晚清汉口对外贸易的发展与传统商业的演变 [J]. 近代史研究，1988，(6): 155-170.

[97] 王哲. 晚清民国对外和埠际贸易网络的空间分析 [D]. 复旦大学，2010.

[98] 吴松弟，王哲. 中国近代港口贸易网络的空间结构——基于旧海关对外埠

际贸易数据的分析（1877—1947）［J］. 地理学报，2010，65（10）：1299-1310.

［99］付天，魏浩. 福利效应测算研究——基于产品层面大型微观数据的实证分析［J］. 经济学：季刊，2016，15（4）：1683-1714.

［100］吴梦. 中国贸易自由化的福利效应研究［D］. 华中科技大学，2018.

［101］吴义雄. 条约口岸体制的酝酿——19世纪30年代中英关系研究［M］. 北京：中华书局，2009.

［102］武汉地方志编纂委员会. 武汉市志［M］. 武汉：武汉大学出版社，1998.

［103］武汉市汉阳区地方志编纂委员会. 汉阳区志［M］. 武汉：武汉出版社，2008.

［104］和一南，武强. 基于空间相互作用模型的近代中国经济区域划分研究［J］. 历史地理研究，2021，40（4）：100-118.

［105］向元芬. 张之洞建汉阳铁厂始末［J］. 湖北档案，2006，（12）：39-40.

［106］徐凯希. 近代汉口棉花贸易的盛衰［J］. 江汉论坛，1990，（9）：72-76.

［107］许甫林. 天下茶仓：汉口东方茶港［M］. 武汉：武汉出版社，2014.

［108］严中平. 中国近代经济史（1840—1894）［M］. 北京：人民出版社，1989.

［109］严中平. 中国近代经济史统计资料选辑［M］. 北京：科学出版社，2016.

［110］阎志. 汉口商业简史［M］. 武汉：湖北人民出版社，2017.

［111］杨德才. 近代外国在华投资：规模与效应分析［J］. 经济学（季刊），2007，6（3）：917-944.

［112］杨勉. 清季中国通商口岸的布局与云南省城开埠研究［J］. 社会科学研究，2019，（6）：157-165.

［113］杨乔. 战前汉口桐油业华商和洋商的竞争与合作［J］. 兰台世界，2013，（13）：32-33.

［114］杨天宏. 口岸开放与社会变革——近代中国自开商埠研究［M］. 北京：中华书局，2002.

［115］姚会元. 近代汉口钱庄研究［J］. 历史研究，1990，（2）：131-142.

［116］姚贤镐. 中国近代对外贸易史资料（第二册）［M］. 北京：中华书局，1962.

[117] 虞和平. 鸦片战争后通商口岸行会的近代化 [J]. 历史研究, 1991, (6): 123-136.

[118] 袁北星. 客商与汉口近代化 [M]. 武汉: 湖北人民出版社, 2013.

[119] 袁继承. 汉口租界志 [M]. 武汉: 武汉出版社, 2003.

[120] 张启社. 民国时期的汉口商人与商人资本 (1912—1936) [D]. 华中师范大学, 2009.

[121] 张珊珊. 近代汉口港与其腹地经济关系变迁 (1862—1936) [D]. 复旦大学, 2007.

[122] 张岩. 清代汉口的粮食贸易 [J]. 江汉论坛, 1993, (4): 45-50.

[123] 邹宗森, 张永亮. 进口种类, 产品质量与贸易福利: 基于价格指数的研究 [J]. 世界经济, 2018, (1): 123-147.

[124] 赵永亮. 国内生产率与进口多样性收益分析 [J]. 世界经济研究, 2013, (10): 20-28.

[125] 周德钧. 汉口租界: 一项历史社会学的考察 [M]. 天津: 天津教育出版社, 2009.